孩子，学习是自己的事

赵恒智 著

天津出版传媒集团
天津科学技术出版社

图书在版编目（CIP）数据

孩子，学习是自己的事 / 赵恒智著. -- 天津：天津科学技术出版社，2023.4
ISBN 978-7-5742-1070-7

Ⅰ．①孩… Ⅱ．①赵… Ⅲ．①学习方法 Ⅳ．①G791

中国国家版本馆CIP数据核字(2023)第060781号

孩子，学习是自己的事
HAIZI, XUEXI SHI ZIJI DE SHI

责任编辑：滑小愚
责任印制：赵宇伦

出　　版：	**天津出版传媒集团**
	天津科学技术出版社
地　　址：	天津市西康路35号
邮　　编：	300051
电　　话：	（022）23107822
网　　址：	www.tjkjcbs.com.cn
发　　行：	新华书店经销
印　　刷：	唐山市铭诚印刷有限公司

开本 880×1230　1/32　印张 5　字数 87 000
2023年4月第1版第1次印刷
定价：36.00元

序言 PREFACE

我们为什么要学习

相信我们中的很多人都问过自己这样的问题:"我为什么要学习呢?"

歌德曾说:"人不光是靠他生来就拥有的一切,而是靠他从学习中所得到的一切来造就自己。"

可以说,我们从呱呱坠地,来到世界上的那一刻起,就踏上了学习之路。我们试着发出第一声啼哭,试着睁开眼睛看这个世界,试着吃第一口奶,试着第一次品尝食物的滋味,试着牙牙学语时喊出第一声"爸爸"或"妈妈",试着蹒跚地迈出第一步……这一切,我们都是在探索,在学习。

天然的好奇心和求知欲促使我们不断地探索、学习。

在孩童时期,每当我们看到之前没见过的事物时,都喜欢问父母:"这是什么呀?这是为什么呀?"我们迫切地想了解这个世界,迫切地想找到答案。学习是一种本能,就像呼吸一样,自然而然地存在着。

尽管我们都是天生的学习者，但是，当我们进入学龄期，步入学校后，为什么反倒有的人学习效果好，有的人学习效果差呢？

一个人的学习效果是好是差，成绩是否优异，更多的是由学习态度、学习习惯以及学习方法决定的。自动自发地去学习，内在的核心动力会扫平挫折与障碍，这样达到的学习效果是在外界的压力下学习产生的效果没法比拟的。

学习态度和学习能力，决定了学习成果。主动性强的人，学习效率、学习效果会惊人地突出。这样的人，往往能走得更远。所以，即使是天资平平的人，只要拥有良好的学习态度和学习习惯，就可以勤能补拙，成为一个优秀的人。

学习，要讲究科学的方法。本书通过一个个真实还原的学习场景，向大家分享科学的学习方法和自我训练的方法，从而培养我们的自主学习力、时间管理力、超强记忆力、超级专注力、核心思维力，以及坚定意志力，让我们在提升学习能力的同时，全方位地提升自己面对未来的核心竞争力。

读完这本书后，一定会有不一样的收获。当我们完全掌握提升学习能力的诀窍后，我们曾经在学习中遇到的难题和产生的困惑，都将迎刃而解。

我们通过学习，能够造就一个全新的自己。

愿我们终如自己所想、所愿。

目录

第一章 自主学习力：爱上学习是成为学霸的关键

- 002　我为什么讨厌学习
- 008　取长补短，找到自己的学习优势
- 013　先易后难，告别畏难情绪
- 018　学会自主学习，从"要我学"到"我要学"
- 024　自主力奠定学习力——自主学习力训练

第二章 时间管理力：懂得规划时间是学霸的标配

- 028　我的时间我做主
- 034　制定一份切实可行的学习计划
- 040　合理利用碎片时间学习
- 045　抓住学习的黄金时间段
- 051　今日事今日毕，这样学习更高效
- 057　做高效的时间管理达人——时间管理力训练

第三章 超强记忆力：记忆力是可以通过后天训练提升的

060　为什么我总是记不住

064　兴趣是增强记忆力的催化剂

069　理解是记忆的基础

073　遵循艾宾浩斯遗忘曲线的规律复习

078　科学记忆，让你过目不忘——超强记忆力训练

第四章 超级专注力：专注学习，不做"走神大王"

082　上课走神，拖拉、磨蹭，都是因为缺乏专注力

087　抵制电子产品对专注力的破坏

091　消除影响专注力的外部因素

097　爸爸妈妈的信任，让我的专注力更强

102　科学训练，培养自己的专注力——超级专注力训练

第五章 核心思维力：创造性思维会帮我们解决更多难题

106　学习靠思考，提升思维力是关键

111　带着问题去学习，好奇心是创新的起点

116　不给思维设限，走出惯性思维的窄胡同

121　提升分析思维，让思考力和学习力完美结合

126　培养四大思维能力——思维能力训练

第六章 坚定意志力：只有坚定不移，才能如愿以偿

130　自主学习需要毅力支撑

135　目标越明确，意志越坚定

140　如何战胜心理上的挫败感

145　培养积极情绪，保持良好的学习心态

150　磨炼意志，提升我们的抗挫力——坚定意志力训练

第一章

自主学习力：
爱上学习是成为学霸的关键

学习能力和学习态度，决定了学习成果。在学习的过程中，内在的核心动力会扫平挫折与障碍，取得的学习效果是外界的压力永远无法比拟的。一旦拥有自主学习力，学习效率会高得惊人。这样的人，往往有成为学霸的可能性。

我为什么讨厌学习

学习中的小烦恼

四年级之前,小伟是一个名副其实的学困生。他讨厌学习,看到拼音和数字就头疼,无论他多么努力,都记不住那些知识和内容。

小伟的老师和爸爸妈妈总对他说学习是一件极有乐趣的事情,但他却从来没有感受过学习的乐趣。所以,小伟每次听到这样的话都会嗤之以鼻。但是,四年级之后,他逐渐体会到学习的乐趣。

是什么让小伟产生了这样的变化呢?

三年级结束的那个暑假,小伟是在舅舅家和表哥一起度过的。小伟的舅妈是一名小学老师,小伟因为惧怕学校和老师,所以,在去舅舅家之前,他很担心舅妈会盘问他的学习情况。没有想到的是,舅妈给他的印象和他之前对老师的认知完全不一样。

表哥和小伟的年龄相仿，每天小伟都和表哥一起写暑假作业。让小伟感到惊奇的是，他从来没有听到舅妈对表哥和自己说"快去写作业"这样的话。每天吃过早餐后，表哥就主动开始写暑假作业，小伟看到表哥写作业，也自然而然地跟着写了。偶尔，小伟和表哥玩儿得忘记了时间，舅妈才会提醒他们一下。

一开始，小伟虽然看似在跟着表哥写作业，但是他常常咬着笔头发呆。舅妈发现了这个情况，便问小伟是不是有什么困难，小伟不好意思地说："舅妈，我不会。"

舅妈知道后，耐心地了解了小伟对知识的掌握情况，然后从最基础的知识讲起，给小伟补习功课。

舅妈的讲解通俗易懂，小伟的注意力也非常集中，理解得很快。听懂之后，小伟做作业再也不磨蹭了。很快，小伟的暑假作业就做完了，他又央求舅妈给他多买了几本练习册，先把会的题做完，遇到不会的题就自己翻课本寻找方法。很快，练习册中的题做完了，做得又快又好，小伟无法用语言形容那种成就感。也就是从那时起，小伟爱上了学习。

我为什么不想学习？

其实，很多时候我们并不是真的不想学习，而是可能存在某些原因，造成我们学习积极性差。

一般来说，不想学习分为外因和内因两种，也就是客观因素和主观因素。

客观因素一般由环境导致，比如，家庭氛围不好、环境嘈杂，自己无法静心学习；或者受别人影响，看到别人玩儿自己也想玩儿；等等。

相对客观因素来说，主观因素更多些。比如，自己觉得上学无趣，对枯燥乏味的知识不感兴趣；自身懒惰，觉得学习太辛苦，贪玩儿不想学；还有就是不是不想学，而是学不会；又或是父母给我们报了各种培训班，让我们产生逆反心理，从而不想学；等等。

造成我们不想学习的原因有很多,任何原因都有可能成为我们不想学习的理由。其实,很多时候,只要我们追本溯源,在我们看来像大山一样阻碍我们学习的因素,就都能被轻而易举地解决。

所以,假如你对学习产生了抵触情绪,不妨对照上述各种情况,找找原因。知道了真正的原因,我们就能"对症下药",及时修正自己的想法和行为。

我是如何让自己爱上学习的?

关键点❶ 问问自己到底为什么而学习

从进入学校的那一刻起,诸如"你要好好学习"这样的话语时常在我们耳边响起,听到父母催促我们学习的话语时,我们有时会对学习产生抵触之情。究其原因,就是我们把学习当成了父母强加给我们的任务。但事实又是怎样的呢?

其实,学习不是父母和老师强加在我们身上的任务,我们学习也不是为了满足父母和老师的要求。我们之所以要学习,是为了满足自己的好奇心和求知欲,满足自己多方面、多层次的需求,让自己见识更广阔的世界,还可以让自己快速解决生活中的难题,并为自己的人生赋予美好的意义。

所以,从一开始我们就要明白:学习是自己的事情,是我们能够拥有优良品格和生存能力的最好途径。只有端正自己对待学习的态度,我们才能爱上学习。

关键点❷ 带着问题去学习

被动地接受知识,往往会让我们感觉枯燥乏味,从而产生抵触情绪。当我们带着问题去学习,在解答难题之后,学习的目的就变成满足自身的求知欲,我们就会主动地去学习。

所以,要带着问题去学习。当我们每解决一道难题,学会一个新的解题技巧,获得一项新的技能时,我们的内心就会产生满满的成就感,这种成就感会使我们对学习更感兴趣,从而让我们更加努力地去探索,去学习。

关键点❸ 多思考,让大脑不再偷懒

我们的大脑天生是用来思考的,可是,由于惰性,大脑也会偷懒,有时会变得不爱思考。大脑有其自己的偏好,对于自己喜欢的东西,它会更加积极地去思考,这就是为什么我们会乐此不疲地去研究游戏怎样通关,而不愿多花时间去思考怎样解答一道难题。

所以,要想让自己爱上学习,我们就要在学习方面多思考,让大脑变得勤快、积极,只要大脑充分运转起来,我们

就会发现学习的乐趣。

关键点❹ 找到一个让自己快乐的学习方法

不可否认，学习有时不如我们想象中那么有趣，甚至在有些人看来，学习是非常枯燥乏味的。不喜欢自然就没有学习的动力，我们会因此变得散漫、贪玩儿，父母和老师也常常为此责备我们。父母和老师的责备之语听多了之后，我们常常会产生破罐子破摔的心理。

其实，不喜欢学习，并不完全是懒惰在作祟，而是我们可能没有找对学习方法。也就是说，只要我们找对学习方法，体验到学习的快乐，我们就会积极主动地去学习。

取长补短,找到自己的学习优势

 学习中的小烦恼

朵朵偏科很严重:她的语文学得非常好,但不管她如何努力,数学成绩总处于中等偏下的水平。这让朵朵产生深深的挫败感,她变得越来越不喜欢数学了。

进入五年级后,朵朵的班主任向大家介绍了各个初中的录取情况,让大家衡量一下自己与心仪学校之间的差距。这时,朵朵开始着急了,如果她的数学成绩依旧保持目前的水平,那么她无论如何也无法迈进理想中学的大门。

"我必须把我的数学成绩提到 90 分以上。"朵朵暗下决心,她开始更加重视数学。

朵朵分析了自己的学习优势:自己的记忆力非常不错,语文课文基本朗读两遍就能背下来,英语单词记起来也毫不费力。她认为可以借助自己良好的记忆力去攻克数学。于是,她决定多加练习,通过多做题,将数学的基础题型都"刻"进脑海里,

这样，就能保证基础题不出错。

或许朵朵的方法比较笨拙，但是对她来说却非常适用。半学期下来，朵朵做了各种各样的练习题，期末考试时，她的数学竟然考了 91 分，这让她信心倍增。为了把数学的基础知识掌握得更加牢固，朵朵利用假期，将各种形式的典型例题进行归纳总结，并把解题过程都完整地写出来，然后再利用自己超强的记忆力把题目的解题思路都背下来。

经过这样一番努力，在小升初的考试中，朵朵的数学竟然考了满分，她如愿进入了心仪的中学。而且，从那之后，朵朵就再也没有排斥过数学。

我的学习优势在哪里?

朵朵之所以能够有效提高自己的数学成绩,最重要的一点就是,她了解自己的劣势,也知道自己的优势,更知道借助自己的优势来弥补劣势。最终,她通过自己有的放矢的努力,得到了理想的结果。

在学习中,要学会发掘、发挥自身的优势,懂得取长补短,采取有的放矢的行动,就有可能达到事半功倍的效果。那么,我们该如何判断自己拥有哪些学习优势呢?

首先,判断自己是否是天赋型选手。一般来说,大多数人都是普通人,天赋型选手万里挑一。假如你在学习中一点就通,能够触类旁通,并且过目不忘,那么你可能就是天赋型选手。只要你端正自己的学习态度,就能超越大部分人。当然,天赋型选手只是抓了一手好牌,并不能确定必然有好的学习成果,如果没有利用好自己的天分,反而很可能被天资平平的人远远甩在身后。

其次,判断自己拥有哪些优秀的品格。比如,勤奋刻苦、积极主动、抗挫能力强或者善于沟通,等等。俗话说,勤能补拙,即使你不是一个天赋型选手,但只要你能吃得了学习的苦,自会收获令自己满意的结果。外力的逼迫远远抵不上自身的内驱力。在学习的过程中,我们总会遇见这样那样的问题，但没有任何捷径可走。决定我们站得多高、走得多远的并不是智商，而是我们的抗挫力。只有不怕失败，愈挫愈勇，才能摘取学习的硕果。另外，对于小学生来说，各方面的经验毕竟不足，很多时候，我们需要他人的帮助才能更好地解决问题。善于并积极地与老师、同学以及父母沟通学习中的问题，往往会让我们更快速、更有效地解决问题。

最后，判断自己能从外部环境获得的助力。外部环境对我们的影响也非常大，"孟母三迁"的故事就是最好的例子。我们自身的优势固然重要，但外部环境也是不可或缺的东风。环境对一个人的影响非常重要，如果我们所在的学校学习氛围浓厚，同学之间竞争意识强，老师也认真负责、经验丰富，那么我们的学习动力也会大，进步也会非常快。

总之，学习要找对方法，善于找出自己的学习优势，并充分利用这些优势，我们就可以获得更好的学习效果。

如何充分发挥自己的学习优势、弥补自己的劣势？

关键点❶ 创造一个让自己愉悦的学习环境

学习环境可以改变一个人。如果你想进一步发挥学习优势，改善学习劣势，那么，请你从改变自身的学习环境开始。你可以邀请爸爸妈妈和你一起把家收拾得干净整洁、温馨舒适。整洁、美好的环境会使人心情愉悦，在这样的环境中学习，你的学习效率也会显著提高。

关键点❷ 向强者学习是成为学霸的捷径

要想成为某一科目的强者，最简单有效的途径就是向这个科目的强者学习，向他们请教学习方法。拥有好的学习方法，就相当于拥有了一把打开知识宝库的钥匙。多和优秀的同学相处，经常交流学习经验，快速掌握科学的学习方法，这是提高学习成绩费力最少、收效最大的途径。

关键点❸ 老师是我们的最优学习资源

在学习这件事上，老师是专业且权威的存在。老师要通过各种考核才能站在讲台上为我们传授知识，答疑解惑。忽视老师的作用是非常不明智的，不充分利用老师这个学习资源是我们巨大的损失。所以，在课堂上，要认真听讲，积极思考，主动回答问题；在课下，要主动与老师交流，有不懂的问题及时向老师请教。我们积极反馈，老师才能对我们还没有掌握的知识进行有针对性的讲解。老师非常愿意把自己丰富的知识毫无保留地传授给勤学好问的孩子。

先易后难,告别畏难情绪

学习中的小烦恼

子墨的爸爸妈妈在各方面都很优秀,他们想当然地觉得他们的儿子一定也是"人中龙凤"。但是,当他们发现子墨在学习方面并不像他们想的那么优秀时,他们开始变得焦虑。

为了快速提高子墨的数学成绩,妈妈给子墨买了奥数练习册,并要求子墨每天除了做完学校布置的练习题外,还要做一套奥数练习题。对于数学基础本来就不好的子墨来说,别说做一套奥数题,就是做一道数学题都难。可想而知,这个任务对子墨来说异常艰巨。

不出所料,第一天,子墨的妈妈布置的任务就宣告失败。子墨因此变得更加沮丧,内心更加坚定地认为数学太难了。所以,他向妈妈宣布:"我不想做这些奥数题了。"于是,子墨和妈妈之间不可避免地爆发了一场"战争"。

看到子墨和妈妈之间"硝烟弥漫",爸爸和子墨谈心。子墨告诉爸爸,并不是他懒惰不想学习,而是妈妈给他定的这个任务的确太艰巨了,他被吓到了,所以产生了退意。

爸爸认真听完子墨的话,真诚地向子墨道歉,说的确是他们太过心急了。爸爸决定根据子墨的实际情况,为子墨量身打造适合他的学习任务。爸爸给子墨整理了基础练习题,让子墨从最基础的题目做起,巩固基础知识。

经过半年的努力,子墨的数学成绩稳步上升,并且能够保证自己的基础题不会出错。更重要的是,子墨对数学的学习兴趣越来越浓了,还会主动要求做难度更大的练习题。

我为什么会产生畏难情绪？

我们之所以有时候对学习产生畏难情绪，有时是因为爸爸妈妈的期待过高，给我们定了一个难以达成的目标。当我们做不到时，爸爸妈妈通常并不认为是他们的期待不合理，反而会批评、指责或教训我们。

其实，人是天生有求知欲和探索欲的。刚刚踏进学校的大门时，我们都对学习充满热情，只是我们中的有些同学长期背负着爸爸妈妈的高期望和高要求，不仅实现起来难度大，而且常常被否定；被否定的次数多了，就逐渐失去学习的热情和积极性，同时还失去了战胜困难的勇气和自信。

没有了勇气和自信，就会变得畏首畏尾，害怕困难，害怕承担责任，害怕失败，不敢尝试新事物，甚至可能对学习失去兴趣。

在学习的过程中，总会遇到这样那样的困难，面对困难，产生畏难情绪是非常正常的。即使是人生经验丰富的大人们，遇到困难也常常有逃避和退缩的想法，更何况是心智尚未发育完全的我们。

所以，产生畏难情绪并不可怕，可怕的是不知道如何战胜畏难情绪，让畏难情绪长时间停留在自己心里，彻底失去积极进取的动力。

如何战胜畏难情绪？

关键点 ❶ 问问自己："我为什么不会？"

学习的过程中出现畏难情绪特别正常，关键在于我们应该如何疏导这种情绪。

面对一道难题，如果我们的脑海里首先出现的是"我不会解答"，我们就一定要问问自己："我为什么不会？"这有助于我们了解在遇到难题时自己内心的真实想法，找到自己的薄弱点，从而能够有针对性地弥补短板，提高自己的学习力。

关键点 ❷ 重视学习的前 10 分钟

学习的前 10 分钟尤为重要，这决定了我们在接下来的学习时间里能否持续高效地学习。有研究表明，人的大脑需要 5~10 分钟才能进入专注状态。也就是说，我们能否很好地进入学习状态，关键在于学习的前 10 分钟。假如我们在开始学习的时候就能够集中精神，专注地去学习，那么这种专注的状态能持续很长时间。反之，如果我们在开始学习的时候就被一些琐事打扰，在之后的学习时间里我们就很难集中注意力。

所以，在开始学习前，我们要尽可能消除一切影响自己学习状态的不利因素，为自己创造一个良好的学习氛围，让自己能够更顺利地进入专注的学习状态中。

关键点❸ 从简单的题目做起，做到开局顺利

如果开局顺利的话，我们在随后的学习中就会更有自信，学习会更顺利。如果我们在刚开始做题时就受到打击，这种挫败感就很可能会一直延续，让我们在随后的学习时间中无法集中注意力。所以，学习时，我们最好从简单的题目做起。

有的同学认为没必要把时间浪费在简单的题目上，而应该把时间用在更难的题目上，这才是把时间用在刀刃儿上。这种想法并不可取。我们在学习初期，最重要的是养成良好的学习习惯。假如我们为了节省时间，一开始就去做很难的题，却常常解答不出来，这样很容易产生挫败感和畏难情绪，进而很可能出现抵触学习的情况。这不但会打消自己学习的积极性，还不利于养成良好的学习习惯。

学会自主学习，从"要我学"到"我要学"

 学习中的小烦恼

小学低年级时，阿杰是班上有名的淘气大王。上课的时候，他不是跟同桌说话，就是揪前排女同学的辫子，常常扰乱课堂秩序，让老师头痛不已。因为上课不听讲，所以阿杰每天面对作业时无从下手，只能敷衍了事。由于他屡教不改，因此老师要求阿杰的妈妈到学校来谈一谈。

看到妈妈在老师面前不断地说"对不起"，阿杰非常难过，他再也不想让妈妈为自己的错误买单了。

自那以后，阿杰虽然学习依然不主动，但是在上课时再也不捣乱了。就这样，阿杰上课时安安静静，在班级里的存在感变得很弱。让大家没想到的是，期末考试时，阿杰竟然考了班级第一，年级第三！这段时间以来阿杰毫无波澜的学校生活就这样被打破了。

看到阿杰的成绩，老师非常震惊，没想到这个曾经的调皮大王居然能取得这样优秀的成绩。发成绩单那天，老师足足表扬了阿杰十分钟，把一向看起来对什么事儿都毫不在乎的阿杰都夸得不好意思了，小脸红扑扑的。那天阿杰回到家时，挥舞着手里的奖状，眼睛里仿佛有星星在闪耀，妈妈从来没见过阿杰如此开心。

取得好成绩后，阿杰的世界仿佛变得温暖而明亮，一切都变得更加美好了。这都是学习赋予阿杰的。阿杰似乎从那时开始，明白了学习的重要性。那之后，阿杰对学习充满热忱，不但上课的时候认真听讲，课后也会主动学习。在学习之余读中外名著已经成为阿杰休闲放松的方式，阿杰乐在其中。

阿杰之所以能够从"要我学"变为"我要学",最重要的一个原因就是他对学习有了一个正确的认知——学习是自己的事,与他人无关。学习,使人生变得更精彩、更有意义。这个认知一直伴随着阿杰,也让阿杰在之后的大小考试中的成绩都名列前茅。

什么是自主学习?

自主的字面意义就是自己做主、自己主动,不受别人支配。自主学习就是在没有家长和老师的督促、陪伴之下,自己能够自觉主动地学习和思考。

在学习时碰到难题的话,如果有人能够在旁边给出建议或者解题思路,就能让我们更加轻松地完成学习任务。但是,这样的学习方式往往会让我们产生依赖心理,变得不愿动脑,遇到难题就习惯性地向他人求助。久而久之,我们的自主性和学习能力就会越变越差。相反,如果我们养成自主学习的习惯,遇到难题时主动思考,认真研究解题方法,而不是依赖于老师或家长,则会有效提升我们的学习能力。这样,不但有助于我们提高学习成绩,还有助于我们学会自强自立。

其实,学习在很大程度上会让人充满成就感,让人的情绪得到满足，使人身心愉悦。如果我们能够找到正确的方法，激发自身的内驱力，学会自主学习，那么，我们就能够不断依靠自己去学会新知识，掌握新技能。

怎样做到自主学习？

关键点❶ 端正自己的学习态度

态度决定高度。要想养成自主学习的好习惯，必须先端正自己的学习态度。如果需要他人催促才去学习，那么我们对待学习的态度就可能是只求完成任务而已，如此一来，学习的效率和效果就会大打折扣。要知道，别人的要求再严格，也不如自我要求严格。我们只有自身拥有核心动力，才会主动扫平学习中的挫折与障碍。这样所达到的学习效果是在外界的压力下学习所产生的效果永远无法比拟的。

我们要明白，学习不是为了应付老师和家长，而是为了自己生活的精彩、未来的出路，以及为了拥有选择人生的权力。只有牢记并真正理解"学习是自己的事"这句话，我们才能够真正地从学习中寻找到乐趣，才能够对学习充满动力，才能够拥有克服困难的勇气和决心。

关键点❷ 给自己制定一个学习目标

古罗马哲学家塞涅卡曾经说过："如果一个人不知道他

要驶向哪一个港口,那么,任何风向都不是顺风。"这里所说的"港口",就是我们努力的方向和目标。

如果没有明确的目标和达成这项目标的明确计划,那么无论做任何事都如同一艘失去方向的轮船,东游西荡,永远不知道应该在哪里靠岸。学习也是如此,我们的目标越清晰,就越知道自己该往什么地方努力,专心往一个地方使劲儿,必定力敌千钧。

所以,做到自主学习的前提就是要为自己确定一个明确的奋斗目标,比如,要在期末考试取得什么样的成绩,要进入哪所心仪的中学,等等。如此,我们才能做到有的放矢,合理分配时间,集中精力完成学习任务,而不是将精力无谓地分散。

关键点❸ 有适合自己的学习习惯

习惯是一种强大的力量,普通学生和学霸之间,往往差的只是一个好习惯。好习惯可以成就我们的一生,而坏习惯则可能毁掉我们的前程。

小学阶段最重要的任务就是养成自主学习的好习惯。比如,课前预习、课后复习的习惯,上课认真听讲不开小差的习惯,独立完成作业的习惯,多观察、多思考的习惯,以及使用工具书的习惯,等等。

任何技能都需要练习的过程,良好的自主学习的习惯也一样，同样需要长时间的刻意训练。所以，趁现在学习难度还不大，我们应该多花些心思，摸索并总结一套适合自己的学习方法，不断强化意识，进行刻意训练，让自己养成自主学习的好习惯。

　　需要注意的是，我们一旦养成规律的学习或生活习惯后，千万不要轻易打破它。因为好习惯不容易养成，打破它却轻而易举。节奏或习惯一旦被打乱，想要恢复就难了，这就是即使不是在赛季，运动员也要坚持常规训练的原因。

自主力奠定学习力
——自主学习力训练

自主力奠定学习力。假若你总是事事依赖他人，那么请你及时做出改变。你可以从独立解决学习中遇到的难题开始，勇于承担自己应承担的责任。这样，在之后的人生道路上，你也会逐渐练就解决各种各样的问题的能力。

那么，我们该如何培养自己的自主力，奠定自己的学习力呢？

● 强化责任感，培养生活自理能力

我们应该了解哪些是我们这个年龄段必须掌握的生活技能，哪些是自己应负的责任，哪些是自己必须拥有的能力……自己的事情自己做，千万不要什么事都依赖父母。我们必须建立并强化自己的责任感，拥有基本的生活自理能力，才能培养自己的自主力。一个连手指头都懒得动的人，往往会发展成性格专横、不懂感恩、自私自利、没有责任感的人，更不要说自主力了。

那么，什么是责任感？责任感就是自觉做好分内事的态度，是一个人人格的重要组成部分，是一个人应该拥有的优秀品质之一。一个拥有强烈责任感的人,会尽最大的努力把自己应该做的事情做好;而一个没有责任感的人,做事时常常态度敷衍,遇事总想推脱。

责任感是激发我们努力学习、不断进取的动力,也是我们在学业上取得成功的催化剂。所以,我们要努力去做一个独立自主、有责任感、能管理好自己的人,把学习当作自己分内的事,当作自己应负的责任,主动并努力完成学习任务,减少对老师或父母的依赖。

● 从基础做起,学会整理自己的书桌和文具

大多数自理能力差、学习习惯不好的同学,书桌也都是乱糟糟的,一些同学甚至连老师发的资料也弄得破损残缺,而且常常忘记放在哪里,每次要用的时候都手忙脚乱。

书桌、书包是我们最重要的学习工具,我们的书桌、书包是否整洁有序,不但反映出我们的自理能力,还关系到我们的学习效率。

假如在每次学习之前,书桌总是一片狼藉,书包总是乱七八糟,我们总是需要先收拾书桌,要到处寻找文具和学习资料后才能开始学习,我们的学习欲望自然不会太高。另外,如果我们总是处在混乱的环境中,我们的大脑也会随之混乱不堪,如此一来,学习效率必然会大打折扣。

所以,要想让自己快速进入学习状态,我们首先要做的就是随时整理自己的书桌、文具和书包,保持书桌和书包等整洁

有序，这在很大程度上能调动我们的学习积极性，让我们产生学习欲望，并在学习过程中总能保持热情。

提升自主力，养成列清单的好习惯

要想提升自己的自主力，我们就要从小养成列清单的好习惯。

习惯是什么呢？是一种经过长时间养成的行为生活方式。习惯一旦养成，就会成为自然而然的行为。让列清单成为我们的习惯，融入我们的生活学习中。比如，复习时，列一个复习清单；逛街时，列一个购物清单；旅游时，列一个行李和行程清单……在做一件事时先列出清单，会让我们养成主动思考的习惯。我们一旦养成了列清单的习惯，对时间、学习以及其他事情的管理就变得主动且自然而然，如此一来，不仅会提高学习效率，更会受益终生。

第二章

时间管理力：

懂得规划时间是学霸的标配

　　学霸与普通学生的差别之一在于前者更懂得如何用最少的时间产生最大的效率。把时间掌握在自己手中，学会自己安排时间，不但能预防和克服我们的拖延症，还能帮我们解决学习过程中的大部分麻烦，让我们拥有受益一生的好习惯。

我的时间我做主

 学习中的小烦恼

小琳的妈妈是一个超级能干的家庭主妇，她把家务料理得井井有条，掌控着家里所有成员的大事小事，当然，也管理着小琳的所有课外时间。

上学的日子里，妈妈每天早上都会把小琳从梦乡叫醒，然后送小琳上学；下午，妈妈把小琳从学校接回家，然后开始督促她写作业，预习第二天的功课；晚上睡觉的时间到了，她就会催促小琳去睡觉……这样的日子日复一日，小琳觉得自己就像一个提线木偶，完全按照妈妈的安排生活和学习。

小琳的一切课外时间都被妈妈管理着，虽然很多事都不需要自己操心，但她感觉自己完全没有自主的时间。上了一天学的小琳很疲惫，想休息一下再写作业，但是妈妈总是在一旁催促，让她觉得很烦。因此，为了反抗妈妈，很多时候小琳都会故意磨磨蹭蹭，不去学习。这让妈妈很上火，小琳却不以为意。

小琳希望每天都能自己定闹钟,自己按时起床、吃饭、上学、做作业、睡觉。这样,她就可以根据自己每天的实际情况来分配自己的时间了。

"我是不是应该充分发挥自己的主动性,自己掌握自己的时间,安排自己的学习和生活,做时间的小主人呢?"小琳不止一次这样问自己。

为什么要自己管理时间？

青春年少的我们就像清晨的朝阳，耀眼又蓬勃。我们总觉得每天有很多时间，自己仿佛是时间的富翁。正因为如此，我们往往不知道时间的珍贵，常常挥霍。但是，时间公平而又无情，当我们做事磨磨蹭蹭的时候，它就悄悄地从我们身边溜走了，一去不返，永不回头。

要想学会珍惜时间，在有限的时间里做更多的事，就必须从小培养自己的时间观念，并让它渗透到我们的学习和生活的方方面面。如果我们的时间一直由父母帮忙管理，我们就永远不会知道时间的重要性，也不会对时间的流逝有直观的理解和深刻的感受，反而可能因为父母的掌控或催促而产生逆反心理，养成拖拉磨蹭的习惯。

学会自主管理时间有助于我们养成良好的时间观念，避免拖延症，养成做事和学习的好习惯，培养学习的自主性和主动性。

为什么有些同学缺乏独立性、没有责任心呢？原因有很多，但其中很重要的原因就是对父母过度依赖，比如，需要父母叫早才能按时起床，需要父母催促才能按时完成作业……于是，在父母的全方位管理下，这些同学完全失去自我管理能力，成为自主性极差的孩子。

时间管理能力是学习力的重要组成部分。很多真实的案例表明,学霸非常善于管理时间,不会依赖于他人的督促,很少拖拉磨蹭,不会任由时间流逝,然后再感叹时间不够用。

把时间掌握在自己手中,学会自己合理安排时间,不但能预防和克服拖延症,还能让我们拥有受益一生的良好习惯。

相信我,当你的学习和生活变得井然有序、有条不紊,并且可预测之后,你就会喜欢这种自己可以掌控时间和生活的感觉。这对你的学习和生活极有帮助。即使上了高年级,甚至长大成人,你依然能从这个良好的习惯中受益。

如何为自己制定合理的作息时间表?

关键点❶ 保证充足的睡眠时间

长期睡眠不足不但会威胁我们的健康,还会影响我们的创造性思维和处理事情的能力。只有保持充足的睡眠,才能思维清晰,反应灵敏,对我们的学习更加有利。所以,不管学业多么紧张,在作息时间的安排上,我们首先需要保证充足的睡眠。

对于青少年来说,每天至少需要 8 小时的睡眠时间,才能让大脑得到充分休息,所以,我们必须让自己 10 点之前睡觉。

关键点❷　为早上预留充足的时间

尽可能准确地计算自己洗漱、整理床铺、吃早餐、上学路上等所花费的时间，以此确定早上起床的时间。早上的时间尽可能留得充裕些，这样就不会出现因为赶时间而丢三落四的情况，即使有意外情况也能从容应对。要让自己提前10分钟到学校，这样，可以有条不紊地为上课做准备。

关键点❸　合理分配课后时间

课后时间的安排最重要的就是科学合理，利于执行，否则，一切将会成为形式主义。我们要根据自身的学习和生活情况，合理分配课后时间，做到劳逸结合。除了学习之外，我们还要给自己安排运动、娱乐和课外阅读的时间，这样，我们的身心才能平衡、健康地发展。

关键点❹　结合自己的生物钟安排学习时间

每个人的情况都不一样，我们要根据自己的生物钟和学业强度制定合理的作息时间表。比如，我们可以把对自己来说最难的学习内容安排在自己精力最旺盛、思维最敏捷的时间段；在精力一般的时候学习稍容易些的内容或做自己最擅长的事情。

制定作息时间表后，我们可以多抄写或打印几份，贴在比较显眼的地方，让自己随时可以看到，以此提醒自己认真执行，做一个行动派。

记住,在这个阶段学会合理分配时间,制定合理的作息时间表并认真执行,不仅可以让我们养成良好的生活习惯,还能很好地提高我们的学习效率,更为我们在之后的学习生活中制定切实可行的学习计划打下基础。

制定一份切实可行的学习计划

 学习中的小烦恼

在小学五年级之前,林清一直没订过学习计划,每天老师布置什么学习任务,他就完成什么任务,学习成绩一直平平无奇。眼看要小升初了,林清开始着急,担心以自己的成绩不能上心仪的中学。

爸爸知道他的烦恼后,笑着对林清说:"儿子,你的学习成绩之所以普普通通,最主要的原因就是你一直在被动地学习,没有自己的学习目标和计划。'凡事预则立,不预则废',毫无计划地学习,就像脚踩西瓜皮——滑到哪里是哪里,这样就很容易让你变得随意而散漫,浪费许多时间。所以,你要想改变现状,就要为自己制定一份切实可行的学习计划。这样,你才能更好地管理好自己的时间,提升自己的学习效率,获得更突出的成绩。"

听了爸爸的话,林清决定为自己制定一份学习计划,并真

诚地邀请爸爸为他的学习计划出谋划策。在爸爸的帮助下，林清的学习计划很快制定完成了。林清把它贴在书桌前，每天认真执行。经过半学期的实践，效果非常好，期末考试，林清取得了优异的成绩。

为什么要制定学习计划？

为什么要制定学习计划呢？很多同学在被要求制定学习计划的时候，都会有这样的疑问。这个问题其实很简单。你只需要记住一句话,那就是:你花时间做什么事,你就会成为什么样的人。

在学习方面,如果你能比别人更懂得如何利用好自己的时间,你就能取得比别人更好的成绩。学霸突出的特质之一就在于懂得如何用最少的时间产生最大的效率,学习时不会没有任何计划,不会把大量时间用于玩耍和娱乐,而是把时间用于实现自己设定的目标之中。

制定学习计划就是为了避免产生遗憾,让我们明确地知道在什么时候采取什么样的方法,达到什么样的学习目标,正确地使用自己的时间和精力,不在无谓的事情上浪费时间和精力。所以,每个人都应该为自己制定一份切实可行的学习计划,以减少时间浪费,提升学习效率。

除此之外,制定学习计划还对培养自主学习的好习惯有很大帮助,它可以使我们学会分析自己存在哪些不足,恰当地安排各项学习任务,有序地学习。比如,可以将短时间内可达成的一个小目标和需要长时间才能达成的一个大目标相结合。在大小目标、长短计划的激励和指导下,收获理想的学习结果。

如何制定一份切实可行的学习计划?

关键点❶ 梳理自身的学习情况,目标不要定得太高

制定一份切实可行的学习计划,首先要梳理一下自己对知识的掌握情况,找出自己学习中的薄弱环节、存在的问题、考试时容易丢分的知识点等,然后有针对性地制定学习计划,合理分配时间,夯实自己的基础,全面提升自己的学习效果。

学习计划要合理,对我们来说,这个计划是通过努力就能实现的目标。只有可以做得到的学习计划,我们才可能按计划执行。否则,如果目标定得太高,会让我们倍感压力,一提到计划就头疼,我们就会千方百计地逃避执行。这样一来,不仅计划会落空,还会打击学习的积极性。

关键点❷ 长期计划与短期计划相结合

长期计划是一个大的方向,是我们为自己绘制的一幅学习方面的蓝图,使我们的学习有清晰的长远目标和方向。比如,期末考试各科要取得什么样的成绩;用一年的时间主攻弱点,做到不偏科;等等。

短期计划则是以短时间为周期,比如,一周内需要做哪些事情,需要具体、详细地制定好我们每周、每天、每个时间段需要做哪些事情,对时间进行详细合理的安排,并易于执行。

关键点❸ 一定要自己亲自动手制定学习计划

低年级的同学在拟定计划时，可以邀请父母一起参与，让他们给予一些指导，使计划更合理，更有操作性。当然，父母只是给一些指导意见，并不是替我们做决定，因为只有自己决定要做的事情，我们才会更加积极地去执行。如果由父母单方面制定计划，我们只是被强迫执行，则很可能产生排斥心理，这样的学习计划极可能中途就夭折。

高年级的同学则可以独立制定学习计划。因为制定学习计划对我们来说是一项必不可少的技能，不管是未来的生活还是工作，我们都需要有计划，有了计划，才更容易实现我们的人生目标。所以，我们有必要提高自己对计划的认识和制定计划的能力，使自己能够有条理地安排学习、生活和工作，这会让我们终身受用。

关键点❹ 要每日复盘，及时调整计划

既没有完美的计划，也没有完美的执行。生活中常有很多意外，我们不可能一直按部就班地照着计划做，偶尔没有按照计划执行，也是正常的，因为我们是人，不是程序设定好之后就不会出现差错的机器。我们在执行计划的过程中肯定会遇到各种各样的状况，如果遇到问题，就及时调整，千万不要气馁和自责。一味地自责只会让自己更沮丧，这对结果没有任何帮助。遇到问题时要学会分析总结，找出解决

问题的方法，让自己以后做得更好。

我们可以每日复盘当天的计划，看看当天的计划是否能全部完成。如果完成了，可以梳理一下自己是如何完成的，有什么新的收获；如果没有完成，我们可以复盘一下当天的时间安排，找出原因，看是什么因素影响了自己完成计划，接下来应该做出怎样的调整。

每日复盘计划执行的过程，不仅可以让我们学会如何更好地规划时间，还可以让我们学会思考，学会直面问题，学会如何解决问题，并思考以后如何做得更好，这会让我们受益无穷。

我们还要定期根据学习计划总结自己的学习情况，摸清自己的薄弱点，查漏补缺，使自己的学习不断进步。

为了激励自己更好地执行计划，我们可以制定一个奖惩规则，完成计划时，我们可以对自己进行奖励，没有完成计划时，我们也要严格地根据规则对自己进行惩罚。

总之，学习计划的好处有很多，但是，如果没有行动，再多的计划都是空谈。如果只是把学习计划挂在嘴边，自然看不到效果。

因此，为了避免学习计划成为空谈，制定计划后，我们一定要立即行动，认真执行，让自己的每一分、每一秒都过得充实而有意义，让每一天都收获满满。

合理利用碎片时间学习

学习中的小烦恼

晓玲从小就特别喜欢看书，小学时学业不是很繁重，晓玲每天都有大量的时间进行课外阅读。阅读过的书籍让晓玲了解了文字的魅力，丰富了精神世界。但是升入中学后，学习科目激增，学习任务变得繁重起来，她再也没有大把的时间看课外书了。

作为"宁可三日食无肉，不可一日居无书"的小书虫，晓玲急于改变现状，想让自己继续徜徉在书海之中。她决定充分利用碎片时间完成简单而琐碎的学习任务，比如，在上学和放学的路上背单词或课文，在课间休息时复习或预习，这样，放学回家后晓玲的任务就集中在做各科作业的大任务上了。如此，晓玲每天都能够至少挤出一个小时阅读课外书了。

这就像鲁迅先生所说："时间就像海绵里的水，只要愿挤，总还是有的。"碎片时间就像是从海绵里挤出来的水，如果利用得当，就能做更多的事情。

 **为什么我们要利用碎片时间学习？**

曾经认识一个很厉害的学霸，她除了学习成绩名列前茅外，还弹得一首好钢琴，书法、绘画均有涉猎，兴趣相当广泛。她的绘画水平很高，我非常好奇她是如何做到样样优秀的，于是问道："你平时学习那么紧张，怎么还会有时间画画呢？"这个学霸笑着回答道："要是真正想做一件事的话，时间总会有的，除非不想行动。如果总是为自己寻找借口的

话，就不可能做成任何事。"

　　是的，不管什么事，只要想做，总会有时间的。每个人的一天都是 24 小时。表面来看，似乎只有大段大段的时间才有用，大多数人会忽略课间休息的 10 分钟，等公交车的 10 分钟，回家路上的 20 分钟，上床睡觉前和上厕所的几分钟，等等。因为在我们的固有认知里，这么短的时间什么也做不成。

　　事实上，普通学生与优秀学生之间的差距就是由碎片时间决定的。在那些大段大段的时间里，每个人都做同样的事，但是善用碎片时间的人，无形之中便拥有更多时间，自然就有可能掌握更多知识。碎片时间利用得当，也能做很多事。正如我国著名的数学家华罗庚所说："时间是由分秒积成的，善于利用零星时间的人，才会做出更大的成绩来。"

　　会利用碎片时间，是优秀学生必备的能力。不要小看每一分钟，生命中的每一分钟都是宝贵的，不可回溯且不可复制。优秀学生之所以能够取得优异的成绩，就是因为他们珍惜每一分钟，能有效地利用每一分钟。人与人之间的差距往往也就是这每一分钟的日积月累。现在，你还认为一分钟不重要吗？

如何合理利用我们的碎片化时间？

关键点❶ 整理自己的碎片时间

每天都有很多碎片时间被我们白白浪费掉，这是一件非常可惜的事情。如果把这些时间利用起来，就会学到很多知识和技能。要想利用碎片时间学习，就一定要先弄清楚自己有哪些碎片时间。

比如，早晨上学路上的时间，等公交车的时间，课间休息的时间，下午放学路上的时间，洗漱的时间，等等。整理出自己的碎片时间，做到心中有数，才能更好地安排这些零碎的时间。

关键点❷ 用碎片时间消化零散知识

碎片时间不宜学内容过多、难度过大的知识。在碎片时间思考难题不容易出成果。我们可以利用碎片时间学习、记忆一些零散知识。

比如，早上上学路上或者等车的时间，我们可以背单词或古诗词，平时随身带一个单词本或者一本古诗词书，利用这样的时间读读背背，日积月累，就能背诵许多单词和古诗词。我们还可以在碎片时间打磨自己的其他技能，每天只花少量时间，却能形成肌肉记忆。只要善于利用碎片时间，我们就能积少成多，终会有所收获。

关键点❸ 利用碎片时间学习是一种高效的习惯

　　利用碎片时间并不需要什么技巧，它更多的是一种习惯。那些优秀的学生，他们一有碎片时间，就会自动自觉地去做点儿什么，决不浪费。假如我们每天都能把碎片时间有效地利用起来，一天就有可能比别人多学习两个小时，一年就比别人大约多学习一个多月，这一个多月的时间能给我们带来不菲的价值。

　　总之，千万不要轻视、忽视碎片时间，要把利用碎片时间学习当成一种高效能的习惯，如此一来，我们的时间就会升值，我们会有更多成就感。

抓住学习的黄金时间段

学习中的小烦恼

每天吃过晚饭后,茜茜的妈妈就催促她赶紧去写作业,而且让她先做较难的作业。但是在这段时间,面对难题,不管茜茜如何努力地思考,都很难找到解题思路,茜茜一度觉得自己很笨。

这种感觉非常糟糕,很多时候,茜茜甚至不想做作业了。但是茜茜知道这是自己的任务,所以,不得不咬着笔头磨磨蹭蹭地写作业。后来,茜茜发现,每次在晚上8点到9点这个时间段,她很容易就能将之前毫无头绪的难题解答出来。

又经过一段时间的观察,茜茜发现,每天早上8点到10点,下午3点到5点,晚上8点到9点,她的思维特别活跃,大脑像装上了马达一样,在这几个时间段学习,她很容易掌握所学的知识。

茜茜把这件事告诉了妈妈,并和妈妈商量,每天晚饭后给她30分钟休息放松的时间，之后她会主动去写作业。苒苒还告诉妈妈，她会在8点之前把相对简单，不太需要思考的作业完成，8点到9点这段时间用来做难题，并复习知识难点。

妈妈觉得苒苒的想法很合理，于是答应了她的请求，并嘱咐苒苒说："你觉得精力旺盛的那几个时间段都是你学习的黄金时间段，你一定利用好这些时间。"

从那以后，苒苒写作业时再也不像以前那样磨蹭了，因为她懂得了如何抓住黄金学习时间段，合理安排自己的学习时间，学习效率得到极大提高。

什么是学习的黄金时间段?

我们不可能每时每刻都拥有充沛的精力,在自己精力充沛、大脑高速运转的时间段学习,效率会更高。在这样的黄金时间段抓紧学习,会达到事半功倍的效果。

每个人学习的黄金时间段都不一样,我们需要通过实践和体会,总结出自己在哪个时间段思维最活跃、精力最充沛、记忆力最好,那就是自己学习的黄金时间段。在黄金时间段里学习,效率特别高,效果特别好。

我们的时间和精力都是有限的,要想在有限的时间内学习更多的知识,就要懂得合理分配自己的精力和时间,这样可以有效提高时间的利用效率。在思维敏捷、精力充沛、注意力集中的黄金时间段,学习自己认为很难的知识点;而在大脑感觉疲劳时,我们可以安排一些相对轻松,不太特别需要费力思考的学习内容。

抓住学习的黄金时间段,缩短学习疲劳期

关键点❶ 寻找自己的学习黄金时间段

一般来说,人的一天有四个黄金时间段。

第一个黄金时间段是早上起床洗漱完毕后,这段时间我

们经过一整夜的休整，大脑非常清醒；第二个黄金时间段是上午 8 点至 10 点，这段时间精力非常充沛，大脑可以严谨而周密地工作；第三个黄金时间段是下午 3 点至 5 点，这段时间通过短暂的午休，体能得到补充和改善，大脑又开始变得活跃；第四个黄金时间段是晚上 8 点至 9 点，这段时间是一天中记忆力最佳的时候。

当然，人与人之间是有差异的，不能一概而论，但是我们可以参考这些规律，找出自己学习的黄金时间段，妥善安排自己的学习。

关键点❷ 按照大脑的活动规律安排学习

心理学家研究发现，大脑在一天中有自己的活动规律：清晨起床后，大脑思维最清晰，记忆力佳，适合背诵；上午，精力充沛，注意力集中，思考能力佳，适合听课和思考，也是攻克难题的好时机，事实上，学校的课程表也是这样安排的；下午，大脑再次活跃，思维敏捷，适合复习、整理笔记、做作业；晚上，记忆力强，不但记忆效率高，还不易遗忘，适合用来记忆白天所学的知识，或者记忆难记的内容。

中午和傍晚，以及晚上睡觉之前，大脑进入疲劳期，反应迟钝，记忆效率最差，所以这些时间段我们可以用来休息、运动、娱乐，让大脑放松，缓解疲劳。

关键点❸ 科学用脑，缩短学习疲劳期

你有没有发现，当我们连续学习一个小时之后，注意力就会变得不集中，想要休息一下。这是因为大脑进入了疲劳期。每个人都会有学习疲劳期，那么，我们该如何应对呢？

首先，我们要提升自己的学习兴趣。假如我们对所学的内容有浓厚的兴趣，大脑就会不知疲倦，一直保持兴奋的状态，所以，提升我们的学习兴趣，是缩短学习疲劳期的首要方法。

其次，注意科学用脑。大脑的左、右脑有明确的分工，右脑擅长感性直观思维，左脑擅长抽象概括思维，虽然左、右脑工作时是互相协助，不能截然分开的，但是我们如果采取不同学科交替学习的方法，可以有效缓解大脑的疲乏感。所以，我们可以交替学习数学、语文、英语等学科，使左脑和右脑能够交替休息。

第三，劳逸结合。要想拥有持续学习的能力，就必须劳逸结合。如果学习时感觉精力不济、注意力不集中了，就主动休息一会儿。可以做些不是很剧烈的运动，既让大脑得到休息，又让自己的体能得到锻炼。

人的精力是有限的，大脑的工作也是有其自身规律的。如果不顾一切地延长学习时间，不但不会提高学习成绩，还可能影响你的身心健康，得不偿失。

总之，学习应该是件轻松而愉悦的事儿，我们不能整天精神紧绷，一天到晚保持高压状态，而要张弛有度，劳逸结合。学会有效利用学习的黄金时间段，让自己的状态最大限度地保持在峰值，这样才能获得更好的学习效果。

今日事今日毕，这样学习更高效

 学习中的小烦恼

小明是一个小学五年级的学生，他有一个很糟糕的毛病，就是他总喜欢找各种理由把作业拖到最后一刻去做。因此每个晚上，小明都会加班加点地赶作业，以至于第二天上课的时候他总是无精打采的。有时候，小明甚至忘记写作业，结果就是被老师狠狠地批评。小明知道拖延是一个很不好的习惯，但就是改不掉。

小明的同桌做事总是有条不紊，从不会丢三落四，更不会忘记写作业。有一天，小明忍不住问她："同桌这么久，我都没见过你少写一次作业或忘记做老师交代的事，你是怎么做到的呢？"

小明的同桌从书包里掏出一个小本子，对小明说道："我每天都会在这个本子上详细地记录每个学科每天必须完成的作业以及老师交代的其他要做的事情，每做完一项，我就划掉一项。

而且,我有一个原则,那就是'今日事今日毕'。不管是当天的作业,还是其他需要当天做的事儿,都必须当天完成,决不拖延,不欠账。"

有样学样。回到家之后,小明迫不及待地拿出一个本子,像同桌那样,在本子上写下今晚要写的作业、要做的事情。每做完一项,小明就在后面打个对勾。就这样坚持了一段时间后,小明发现他爱拖延的毛病消失了,他不但能够每天按时完成作业,就连丢三落四的毛病也一起改掉了。

为什么我总是喜欢拖拉、磨蹭？

马上就能做的事情却非要等等再做；1个小时就能完成的作业却写到深夜；明明可以马上完成的作业非拖着不做，直到快要交作业的最后期限才忙着"赶工期"……很多同学都有拖拉、磨蹭的毛病。为什么会这样呢？主要有以下几个原因。

首先，没有或缺乏时间观念。其实，做事拖拉，总是不能按时完成作业的根本原因就是没有时间观念，认为反正时间那么多，晚做一会儿也没关系，或者是反正明天不上学，明天再做也来得及。缺乏时间观念使我们对时间的流逝没有任何感觉，于是在不知不觉中把时间白白浪费掉。我们对大人口中的"快一点儿"或"慢一点儿"也没有什么基本概念，对事情的认知取决于父母或老师的态度：如果父母和老师催促得急一点儿，就做得快一点儿；反之，则慢一点儿，直到拖到不能再拖的时候才着手去做。

其次，懒惰。人的本性就是贪图安逸的，为了多玩儿一分钟，有些同学会给自己找出千千万万个不去写作业的理由，然后把本该今天完成的作业推到明天，明日复明日，就这样无限期地拖延下去。

最后，有畏难情绪。比如，学校留的练习有些多，家长又额外布置了任务，干完了这个还有那个，于是索性用拖拉、磨蹭这个手段，迫使爸爸妈妈不再给自己布置任务。

怎样做到今日事今日毕？

关键点 ❶ 树立时间观念，终结拖延症

日本电视剧《世界奇妙物语》中"友子的长夜"讲述了一个这样的故事。

友子第二天要考试，她决定当天晚上通宵复习，当她正准备复习时，发现书桌很脏，于是她开始整理书桌。当她把书桌整理干净后，看到房间乱糟糟的，于是决定花点儿时间将房间整理干净，因为她认为在舒适的环境下学习会更有效率。在她整理房间时，无意中看到自己曾经最喜欢的漫画书，于是捧着漫画书躺在床上看了很久……总之，这一夜，友子为自己制定了复习计划，却因为各种原因没有执行。这是"重度拖延症患者"的真实写照，引起很多观众的共鸣。

不少同学在准备学习时，会像友子一样先整理整理书桌，再上个厕所，然后喝一杯水……终于要开始学习的时候，时间已经所剩无几。

所以，我们一定要从小树立时间观念，培养自己对时间的感知，为自己制定一套高效的时间管理方法，为将来能够自己规划自己的时间，甚至规划自己的人生做好准备。事实上，珍惜时间，认真规划自己的时间，往往也代表我们对待学习的态度。

关键点❷ 按事情的轻重缓急安排自己的时间

每天都写一份要做的事儿的清单，按重要程度排列，然后按顺序有条不紊地去做。

假如我们感觉自己一直忙忙碌碌，却没有重要的收获，那么最大的可能就是：我们一直都在做紧急的事情而忽略了那些重要的事情。记住，合理安排时间，做事分出轻重缓急，是省时省力、高效的学习方法。

学习的时候，一定要有时间观念，坚持二八原则，避免将太多时间花在琐碎、不重要的事情上，而应该将时间花在重要的少数问题上，因为解决这些重要的少数问题，可能只需花 20% 的时间，却可以取得 80% 的成效。

关键点❸ 克服惰性

玩耍、娱乐的确比学习轻松、舒服，但是学习是我们的任务，不写今天的作业并不会减少我们的任务，反而会使我们"欠债"，我们的任务会因为懒惰和拖延变得更加繁重。所以，我们要克服惰性，让自己每天都按时完成作业。

另外，有的人并不是真的想拖延，而是学习时遇到了拦路虎，因为畏难情绪而拖延。遇到难题从而产生畏难情绪很正常，我们不要因此打退堂鼓，而要积极想办法，自己查资料或向父母、老师请教。拥有不解决问题不罢休的狠劲儿后，所有的难题都会迎刃而解，也一定能养成自律、不拖延的好习惯。

做高效的时间管理达人
——时间管理力训练

世界上最公平的东西就是时间,每个人每天都拥有24小时,不会因为身份不同而有任何差别。每个人的成长、成就,最关键的就在于如何利用每天的24小时。

善于抓住时间,把时间的效益最大化的人,时间就会给他丰厚的馈赠;而没有时间观念,总是无视时间的人,时间就会悄无声息地从他身边溜走,什么也不会留下。那么,我们该如何做高效的时间管理达人,让自己的时间产生最大效益呢?

● 培养时间观念,建立对时间的感知能力

要想提高自己的时间管理能力,我们首先要做的就是培养时间观念,建立自己对时间的感知能力。有些同学没有时间观念,从而导致上学迟到、做事拖拉、不能按时完成作业等问题。不要觉得这是无足轻重的小事儿,对时间没有感知能力的人连自己把时间浪费在什么地方都不知道,何谈提升自己的学习效能,发挥时间的最大价值呢?

所以,时间管理力训练的第一步就是建立对时间的感知能力。我们可以找个本子,对自己的每一天做一个简单的记录,看看自己一天下来都做了哪些事情，每件事情花费了多长时间。在记录的过程中，我们会慢慢建立对时间的感知能力，我们会渐渐明白做某件事情大概需要花多少时间，哪些事情属于可做可不做或者做了纯属浪费时间，哪些事情是非做不可的，或者做这件事情时是不是有更好的方法提升我们的效率，等等。

拥有对时间的感知能力，会让我们对自己的现状有一个清晰的认识。只有认识现状，直面现状，我们才有可能改变现状。

🔵 找到自己的目标，让时间为目标服务

当我们知道了自己把时间浪费在何处之后，我们就要做出改变了。那么，我们究竟要做哪些改变呢？这就是我们的目标。如果连自己的目标是什么都不知道，那就不要谈时间管理了。

明确目标之后，我们就知道每天做事情的重点是什么，围绕核心目标分配时间，让时间为目标服务，就能最大限度地节约时间，提高学习和做事效率。

🔵 守时，不拖拉，不迟到

守时往往代表一个人的素质和做人的态度。一个不守时的人是对别人的时间不尊重的人，难以获得别人的信赖。守时就是遵守承诺，遵守承诺的人，才是值得信赖的人。

任何一个习惯，都会对自己产生很大影响。如果你已经养成了不守时的坏习惯，就要从现在开始改掉它，做到守时守约。即便你因为特殊原因不得不迟到，也应该提前与对方沟通，向对方表示歉意，并尽量弥补因为自己迟到给对方带来的不便。

第三章

超强记忆力：

记忆力是可以通过后天训练提升的

培根曾说："一切知识的获得都是记忆。记忆是一切智力活动的基础。"在学习的过程中，几乎80%以上的内容是依靠记忆完成的。如果没有好的记忆力，我们可能会付出比别人多得多的时间学习，才有可能取得良好的成绩；相反，如果我们拥有超强的记忆力，往往会事半功倍。

为什么我总是记不住

 学习中的小烦恼

婷婷和菲菲是小学三年级的学生,她们是同班同学,接受同样的教育。但是,让婷婷苦恼不已的是,老师每次讲过的知识,菲菲都能完整地复述出来,而自己却很难做到。比如,老师教过一首古诗之后,菲菲当场就能背诵,而婷婷要在课后花很长时间才能背下来。

看到菲菲记忆力如此好,婷婷真的好羡慕。婷婷和菲菲年龄差不多,又是同班同学,老师都是一样的,为什么婷婷总是记不住呢?有能提升记忆力的方法吗?

什么是记忆力？

记忆力就是我们记住事物的形象或事情的经过等的能力。记忆力是我们对过去的感受、经验以及发生的事情的感知能力的总和。记忆力是有差异性的，即使两个人年龄相同，所处的环境相同，接受的教育相同，两个人记忆力也并不相同，这就是对于同样的事物，我们拼命记却记不住，而别人却能轻轻松松地过目不忘的原因。

那么，如何判断记忆力的强弱呢？是不是记东西越快，就代表记忆力越好？事实并非如此。能否快速记忆只是评价记忆力强弱的一方面，很多同学能快速地记住某个知识点，但很快又抛之脑后了，这种记忆是短暂的。而在学习中，真正对学习产生影响的是长期记忆，即记忆持续的时间有多久。

长期记忆就是把所学知识在大脑中长期储存，当我们需要用到某个知识点解决问题的时候，能随时从大脑中调取出来。所以，我们要学会将短暂记忆转化成长期记忆，让重点知识在我们的大脑中长期储存，这样，我们的知识才能掌握得更加牢固。

影响记忆力的因素有哪些？

因素❶ 记忆的内容枯燥乏味且繁杂

科学研究表明，记忆内容的趣味性以及数量是影响记忆力的首要因素。如果记忆的内容枯燥乏味且种类繁杂，我们就很难记住，即使当时记住了也会很快遗忘。如果记忆的内容生动有趣，我们遗忘的速度则会慢一些。

有学者曾对诗歌、散文、无意义的文字等内容的记忆结果进行研究，得出的结论是，记忆保持时间最长的是诗歌，其次是散文，而那些没有意义的文字，大多数人很快就将它们遗忘了。出现这种结果的原因在于诗歌有一定的内容和意义，并且读起来朗朗上口，便于记忆。

一个人对自己感兴趣的信息和事物会产生高度集中的注意力与观察力，精神上会更加亢奋。所以，我们要想提升自己的记忆力，最好让自己对所学的知识产生浓厚的兴趣，因为兴趣是增强记忆力的催化剂。

因素❷ 疲劳过度，压力过大

当我们学习时间过长，疲倦困乏时，就会出现记忆力减退、联想能力和创新能力降低、计算能力和反应能力变差的情况。记忆力还有一个很大的敌人，那就是压力和不安。压力过大，心情不安，大脑也会疲乏，出现记忆力差、反应迟钝等情况。

所以，学习时我们一定要劳逸结合，学会释放压力，否则，我们就处于低效学习的状态，这样既浪费时间，又浪费精力，还收效甚微，可谓得不偿失。

因素❸ 不良情绪

当我们受到来自外部环境的刺激时，可能会产生一些不良情绪，比如，被他人批评或考试失败等，这些会让我们的情绪变得消极低落，甚至产生恐惧、焦虑等情绪。情绪对人的记忆力有巨大影响，过度紧张和焦虑会使人记忆力下降，更有甚者可能会出现大脑一片空白的情况。

良好的情绪增强记忆力，不良情绪则会降低记忆力。所以，我们在学习的时候一定要保持良好的心态，想办法让自己精神愉悦，这样，学习和记忆效果更好。

兴趣是增强记忆力的催化剂

 学习中的小烦恼

小蕾从小就特别喜欢语文以及课外阅读,在兴趣的催动下,小蕾如饥似渴地看着各种书籍。可能是阅读面广的原因,小蕾的语文成绩一直都名列前茅,不但有很强的理解力,还有惊人的记忆力,不管是古诗词还是现代散文,小蕾看一遍就差不多能背下来。

然而,让小蕾苦恼的是,相对于语文的易如反掌,小蕾的数学就不尽如人意了。小蕾是班级里有名的偏科大王,她的语文成绩有多好,数学成绩就有多差。

让小蕾百思不得其解的是,自己惊人的记忆力在数学这个科目上完全没有效用。不管她花多少时间记忆那些数学公式,在真正需要用到的时候,她的脑子都会变成一团糨糊。久而久之,她越发不喜欢数学,数学成绩也变得更差了。

为什么那么长的语文课文小蕾都能背诵下来,却记不住数

学的那几个简单的公式呢?怎样才能改变小蕾的现状,改善她的弱项呢?

 **兴趣对记忆真的非常重要吗?**

"知之者不如好之者,好之者不如乐之者。"孔子说的这句话翻译成白话文就是:"知道学习的人比不上爱好学习的人,爱好学习的人比不上以学习为快乐的人。"简单来说就是,学得最好的人肯定是对知识非常感兴趣的人。

德国文学家歌德曾说:"哪里没有兴趣,哪里就没有记忆。"这句话和孔子的话有异曲同工之妙,都表达了一个意思，那就是：兴趣是最好的老师。

这些先贤之所以这么说，是实践检验出来的真理。你可以问问自己，是不是只有自己真正感兴趣的事情，才更愿意花时间去做，才会做得更好。记忆也是一样，我们对某事物越感兴趣，就记得越快，记得越牢。

门德尔松是德国有名的音乐家。在他十几岁时，他去听贝多芬第九交响曲的公演音乐会。听完音乐会后，他立即将第九交响曲的乐谱全部写了出来。这件事让所有人都觉得不可思议。门德尔松惊人的音乐天赋和记忆力震惊了当时的音乐界。

门德尔松之所以能够记住乐谱，原因就在于他对音乐的深深热爱。

兴趣是增强记忆力的催化剂。客观来说，兴趣使人的大脑皮层形成优势兴奋中心，精神更加亢奋，进入最佳记忆状态。一个人对他所感兴趣的信息和对象，会产生高度集中的注意力与观察力，会进行专注而积极的思考，经过积极思考的事物能在大脑中留下思考的痕迹，容易被大脑储存。

"就我在学校时期的性格来说，其中对我后来发生影响的，就是我有强烈而多样的兴趣，沉溺于自己感兴趣的东西，深入了解任何复杂的问题。"这是达尔文在自传中写的一段话，他指出兴趣对学习的重要性。那么，我们学习的时候，该怎样让我们对需要记忆的内容产生浓厚的兴趣，加强我们的记忆效果呢？

培养对知识的热情和兴趣

关键点❶ 把需要记忆的知识变得有趣，使我们愿意记忆

学习有时枯燥且辛苦，如果没有浓厚的兴趣，学过的知识很快就会从我们的脑子里溜走，学习的成效也就微乎其微。相反，那些我们认为有趣的内容，会被我们牢牢记住。

兴趣是最好的学习动力。它会让我们将知识记得更牢，当我们知识掌握得更牢固，学习成绩变得更好之后，我们对学习的兴趣更加浓厚，就形成良性循环。反之，则可能形成恶性循环。

所以，兴趣对我们的学习和记忆起着重要作用，它会让我们的潜能得到更大发挥。要想提高学习成绩，我们首先就要培养自己对学习的兴趣，让自己成为一个"乐知者"。

关键点❷ 提升自信心，自信是增加学习兴趣的动力

任何人都渴望成功。我们对成功的渴望会促使自己去努力学习，但假如我们努力很久都没有取得好成绩，很可能会觉得沮丧，从而失去学习的兴趣和动力。

所以，我们一开始不要给自己定太高的目标。我们可以从一些简单的练习做起，让自己在练习的过程中轻松取得理想的成果，这样我们的内心就会产生满足感和自信心，从而激发进一步学习的兴趣和动力。

其实，人天生就有求知欲。要想让一个原本对学习不感兴趣的人爱上学习，最简单的方法就是让他反复享受成功的喜悦，获得信心，如此，就能激发他的求知欲。

相信自己的能力，在学习和生活中发现乐趣、创造乐趣，保持积极的心态，我们的记忆力、学习力就会有惊人的改变。

关键点❸ 记录、收集成功的体验，积攒学习的乐趣

你是否发现这样一个问题：你的每一个高光时刻，或是每一个小小的成功体验，都会让你记忆深刻，你常在心里回味它们；而对于那些让你不开心的事，你会自动屏蔽，希望将它彻底忘掉。

基于这个普遍的特性，我们也可以学会记录、收集自己的成功体验，每周抽时间总结自己一周的收获和成果，这些成果可以是背下来的课文、记下的单词、一次优异的成绩、参加比赛获得的奖励……看到这些努力的成果，我们会发现，记忆知识和学习并不是一件辛苦的事，它回报给我们的是快乐、充实，以及精神的愉悦。

理解是记忆的基础

 学习中的小烦恼

雯雯有件很烦恼的事儿,明明她前几天已经花时间认真地背会了古诗,但老师检查的时候,竟然一个字都想不起来,大脑一片空白。老师见雯雯完全背不出来,批评了雯雯,雯雯觉得自己比窦娥还冤,明明她全部背会了,结果一觉醒来后都忘光了。

有些同学也会有雯雯这样的烦恼，背诵课文、古诗词或单词时，只在刚背完的那几天印象比较深刻，过几天就忘记了。为什么明明已经记住的东西却会忘记呢？有什么方法能让记忆变得更牢固吗？

为什么说理解是记忆的基础？

我们中的很多人小时候都背诵过诗歌、国学经典等，当时的我们并不知道所背的内容究竟是什么意思，只是觉得句子朗朗上口，甚至很有趣，于是就自然而然地背诵起来。

当我们正式踏上学习之路后，知识的深度和广度不断增加，仅靠机械记忆无法满足我们学习的需要。晦涩难懂的、没有经过理解的内容很难记住，即使强行记住也很容易忘记。

对此，很多人都有一些背诵记忆的经验，比如，背诵古诗词或古文时，先将其逐字逐句翻译成现代文，然后再理解其创作背景，弄清楚作者想要表达的中心思想，将这些核心要素掌握之后，背诵就变得容易多了。

著名教育家苏霍姆林斯基曾说："记忆没有充分理解的规则，会导致肤浅的知识，而肤浅的知识是不能保持在记忆里的。"的确如此，理解是记忆的基础。读得快、背得多，却不理解、不消化是没有意义的。认真诵读、思考，对书中的内容理解透彻，记忆起来速度才会更快，记忆的内容在大脑中储存的时间也会更久。

加深理解，才能有效记忆

关键点❶ 对需要记忆的知识进行分析，掌握核心要素

我们背诵一篇文章前，首先要对这篇文章进行分析，理解它的中心思想，也就是作者想要表达的主要意思是什么。我们可以先浏览或通读一遍。

了解了文章的主要意思后，再对局部进行具体分析，比如，把文章分成若干个段落，理解每个段落的主要意思，总结关键信息点，并对其加以分析和思考，如此一来，我们对文章就有更深的理解了。

最后，再将所理解的内容进行融会贯通，把关键信息联系起来，进行全面理解，这样更有利于加深记忆。

关键点❷ 知识得到有效理解，才能巩固记忆

你是否也遇到过同样的情况？很多明明已经记住的知识，在考试的时候却变得既熟悉又陌生，语文诗词似是而非，英语单词模糊不清，数学公式知道但不会运用……产生这些情况的根源就是，我们没有真正理解这些知识。

我们要想把所学的知识运用自如，就必须真正理解这些知识。如果我们把一堆东西杂乱地塞进箱子里，当我们需要用某个东西时，很可能怎么也翻不出来。那些被我们死记硬背储存在脑海里的知识，就像没有经过整理的杂物，当我们真正需要运用的时候，也会因为抽象和散乱，很难被我们提取出来。

　　所以，只有真正被我们理解的知识，才是经过大脑整理的知识。经过理解，抽象的事物就能在大脑中转化成具体的图像或场景，当我们遇到与之有关的题目时，大脑自然就会把这些知识点提取出来，为我们所用。知识能够得到有效运用，记忆才算是有效记忆。通过做题运用被理解过的知识，可以加深我们的理解和记忆，这样一来，原本只是被短暂记住的知识，慢慢地就变成被长期记忆的内容。

遵循艾宾浩斯遗忘曲线的规律复习

学习中的小烦恼

源源号称自己是"记忆神童"。源源只要在上课的时候认真听讲,再看看课本,就能记住所有知识点,所以,他完成老师布置的作业后,不会多写一个字。即使这样,源源的学习成绩依然保持得很好,这让源源变得飘飘然,觉得自己拥有过目不忘的本事。

但是,这次期末考试让源源尝到了骄傲的苦果。当源源看到试卷的那一刻,他发现自己对知识的掌握并不牢固,曾经记住的知识点也被忘得七零八落,源源经历了第一次考试失败。

看到源源灰心丧气的样子,妈妈指出源源考试失败的原因。妈妈说源源之所以失败,就是因为对自己的记忆能力过于自信了,其实,大脑对事物的遗忘是有规律的,任何知识点都需要不断地复习,认真巩固才能减少遗忘。妈妈对他讲了"艾宾浩斯遗忘曲线",告诉他遗忘的规律。

不间断复习的遗忘曲线

不复习的自然遗忘曲线

这之后,源源再也不骄傲自满了,他知道大脑的遗忘规律后,改变了学习方法和学习习惯,有规律地定期复习。这之后,源源重新取得了优异的成绩。

 **什么是艾宾浩斯遗忘曲线?**

艾宾浩斯遗忘曲线是德国心理学家艾宾浩斯根据人的大脑对事物的遗忘规律绘出的一条曲线。艾宾浩斯遗忘曲线告诉我们,我们之所以会遗忘记忆过的内容,并不是我们记忆力差,而是大脑有遗忘周期和规律。

我们的大脑就像一个储存力惊人的高级储存器,我们每天都在把所学的知识储存进大脑,但我们想将储存进大脑的知识永久地记住却相当困难。事实上，遗忘在记忆之后就立即开始了。

艾宾浩斯遗忘曲线显示，人刚刚完成记忆时，往往能记住全部内容，这个时候还没有产生遗忘。但是，20分钟后就只能记住58.2%的东西，1小时后减为44.2%，1天后仅为33.7%……随着时间的推移，我们记住的东西越来越少。

艾宾浩斯遗忘曲线表明了遗忘的规律：先快后慢，所以，对刚刚记忆过的知识要及时复习，加以巩固，这样才能强化记忆痕迹。也就是，要想把大脑中的瞬时记忆转化成永久记忆，需要不断重复记忆的过程，如此才能降低我们的遗忘率。

遵循艾宾浩斯遗忘规律进行复习

关键点❶ 在遗忘还没开始的时候就进行复习

从艾宾浩斯遗忘曲线我们可以了解到，记忆是需要反复进行的，否则，记忆的内容无法长时间地留在大脑中。遵循艾宾浩斯遗忘规律，要想克服遗忘，就要在遗忘还没开始的时候进行复习，加强记忆。

关键点❷ 注意复习的时间间隔，强化记忆

有效的复习方式和技巧能够使我们的记忆更加牢固，比如，学过之后立即复习，平时经常复习，以及阅读与回忆相结合等复习方式，都能够帮我们加深理解，减缓遗忘进度。

我们要注意把控复习的时间间隔，遵循规律，反复复习，将遗忘的间隔时间变得越来越长，最终形成永久记忆。

一般来说，运用艾宾浩斯遗忘曲线进行记忆时，我们会遵循"一四七"法则。比如，我们背诵完一篇课文后，1天之后复习，4天之后再复习，7天之后继续复习……这样做，我们的遗忘速度会减缓，记忆会更加牢固。

关键点❸ 注意把控学习节奏，不要过度学习

任何事情，过犹不及。过度学习只会让我们产生疲惫感，进而导致学习兴趣下降，甚至对学习产生排斥心理等。所以，我们背诵课文时，记忆的程度达到完整叙述就可以了，没必要非得背得滚瓜烂熟，因为知识是需要不断复习的，如果不进行复习，过段时间仍会遗忘。所以，背诵或记忆时无须滚瓜烂熟，但要及时复习好。

关键点❹ 根据自身的学习特点，找到属于自己的艾宾浩斯遗忘曲线

艾宾浩斯遗忘曲线是一个具有共性的规律。但是，我们每个人的学习习惯和生活规律不同，从而可能导致记忆习

惯、记忆规律以及遗忘规律不同。所以，我们需要根据自身的特点，找到属于自己的艾宾浩斯遗忘曲线，总结出属于自己的记忆规律，采取适合自己的记忆方法。

总之，无论采用怎样的记忆形式，最重要的一点是，常常复习。所谓"温故而知新"，只有不断地复习才能让记忆更加深刻，才能在掌握现有知识的基础上学习新知识。

科学记忆,让你过目不忘
——超强记忆力训练

我们不得不承认,一个人记忆力的强弱与遗传和智商有关。但是,记忆力是可以通过后天训练的,经过方法得当的训练,我们可以提升自己的记忆力。那么,有哪些方法能够让我们记得更快、记得更牢呢?

● 方法一:图像记忆法

图像记忆法就是把需要记忆的内容转化成图像进行记忆。在目前的记忆方法中,图像记忆法最符合我们大脑的运作模式,它能让很多短暂记忆转化成长期记忆,许多科学家、发明家都会利用图像进行记忆。

毋庸置疑,图像记忆法可以让原本枯燥的记忆内容变得有趣,是一种非常高效的记忆方法。那么,我们应该怎样运用这种方法呢?

首先,我们要根据不同的学科,采用不同的图像记忆方式。比如,记忆数学公式时可以用图表联想记忆法,记忆古诗词时可以用场景联想记忆法等。

其次,我们可以和父母或朋友玩儿记忆游戏。比如,在每张纸上随机打印一些图像，比如汽车、水果、动物、建筑或工具等，每张纸上的图像都不同。让父母或朋友随机抽出一张纸，并规定记忆时间，我们在规定时间内进行记忆。然后图像向下，把纸扣在桌上，我们迅速说出纸上都有哪些图像。我们可以先从一页纸几个图像开始训练，经过一段时间后，再增加几个图像。每次能记住的图像越多越好。这个方法可以训练我们的速记功能，让我们记得更快。

最后，记忆图像时要清晰，要有细节。图像越清晰、越细致，越能强化记忆。比如在记一张桌子的外形时，我们可以想：它是圆形的还是方形的，是黑色的还是棕色的……细节和色彩都可以让记忆变得生动起来，这张桌子的特征也会被我们记得更牢，当我们再次想起的时候，依然记得那是怎样一张桌子。

● 方法二：思维转换记忆法

我们学习时，需要记忆的内容很多，有些记忆内容是具象的，很容易被记住，比如，天空、白云、青山、绿水、草地、牛羊等。

还有一些内容比较抽象，比如心理、情绪、规则等，这些内容记忆起来有难度。

记忆抽象的内容时，我们可以运用思维转换记忆法，也就是把抽象的内容转换成生动形象的事物。比如我们小时候学数字儿歌就是典型的例子：1像铅笔会写字；2像鸭子水中游；3像耳朵听声音；4像小旗迎风飘……通过比喻，将抽象变为具象，我们对记忆的对象就会拥有更加直观、鲜明的感知。

思维转换记忆法实用性很强，可以把大多数抽象的内容转化为具象的内容，无论记忆的内容困难与否，我们都可以采用这个方法。

方法三：联想记忆法

联想记忆法就是将需要记忆的内容进行整理，使其产生关联，关联越多，我们就越容易记住这些内容。也就是说，我们看到某个事物就联想起另一个事物。一般来说，联想记忆法有故事联想法、场景联想法，以及谐音联想法等。

运用联想记忆法时，我们需要把一些复杂的信息按一定的思路和顺序，建立起生动的、有画面感的记忆链条，不论故事联想还是场景联想都如此，这样，记忆能力就会提高很多。

比如，背诗词的时候，死记硬背的效果不佳，很可能第二天就忘光了。而如果将诗词所描绘的场景在脑海里进行联想，然后使它们形成一幅幅画面，并在脑海中反复强化这些画面，自然而然地就记住诗词了。

第四章

超级专注力：

专注学习，不做"走神大王"

在我们的学习过程中，专注力就像一扇开在我们心灵上的大门，这扇门开得越大，我们学到的知识就越多。专注力是记忆力、想象力、思维力、观察力的基础，拥有优秀的专注力就等于拥有优秀的全脑能力。

上课走神，拖拉、磨蹭，都是因为缺乏专注力

 学习中的小烦恼

晓雪每天放学回家后的第一件事就是写家庭作业，但是每次写完作业至少花费3小时，晓雪妈妈觉得老师布置的作业太多。

有一天，遇到同班同学欣欣的妈妈时，晓雪妈妈忍不住对欣欣妈妈抱怨作业太多了，要写很长时间才能写完。欣欣妈妈非常诧异地说："欣欣放学回家后也是第一时间写作业，但是通常她最多一个小时就写完了，而且作业的准确率很高，写完作业后，欣欣还有很多时间去做其他事。"

那之后，晓雪妈妈开始认真观察写作业的晓雪。她发现，晓雪写作业的时候，总是一会儿抠抠手，一会儿摸摸橡皮，一会儿要喝水，一会儿要上厕所……晓雪妈妈这才明白，晓雪写作业之所以花费那么多时间，是因为专注力太差。

其实，晓雪也想在写作业的时候不做与作业无关的事，但

她总是管不住自己,总是无法专心致志地写作业,这常常惹得晓雪妈妈大发雷霆,而晓雪的学习成绩也一直不甚理想。

 **什么是专注力?**

晓雪之所以在写作业时总是做其他与作业无关的事情,归根结底就是缺乏专注力。那么,什么是专注力呢?

我们中的很多人认为专注力就是我们常说的注意力,因为我们每次做事不专注的时候，爸爸妈妈或者老师都会说："请集中注意力。"事实上，专注力和注意力还是有区别的。科学研究表明，注意力是人类从一出生就具备的能力，是与生俱来的，而专注力则需要后天培养，这是它们的本质区别。

所谓专注力，是指一个人专心做一件事时，把视觉、听觉、触觉等集中在这件事情上的能力，是一种心理状态。对学习而言，专注力就是在学习时能够不分心去做其他任何事情。

我们在学习的时候，大脑会进行感知、记忆、思维等活动，而专注力就是这些活动能够顺利进行的基础，专注力越强，学习效果越好。

所以，上课走神、学习拖拉磨蹭，都是因为缺乏专注力。据国内的一份研究报告显示，专注力不强是小学生的普遍现象，专注力不足的孩子高达70%。专注力是一种很重要的能力，不仅在学习的过程中需要专注，我们做很多其他事情时都需要专注。

提高专注力,不当磨蹭大王

关键点❶ 关注有效学习时间,时间是考核效率的标准

其实,我们口中所说的学习时间并不代表有效的学习时间。学习时间长并不代表学习效率高,比如,两三个小时才能背完一小段文章,坐在书桌前大半天才写几个字……

时间是考核效率的重要标准,但是这里所说的时间并不是我们坐在书桌前的时间,而是有效的学习时间。有时,专注地学习10分钟,可能比思维涣散地学习1小时更有效率。

所以,我们在写作业之前一定要根据作业的多少,估算出需要花费的时间,然后根据每科作业的具体情况,合理安排时间。一旦我们开始决定写作业,就要快速进入状态,不被其他事情打扰,在定好时间内完成所有作业。坚持这样做,养成习惯后,一定能撕掉"拖拉磨蹭"的标签。

关键点❷ 自我监督,不要总依赖父母催促

你是不是也经常需要在父母的催促之下才去做该做的事情?"你赶紧去写作业。""你怎么走那么慢?再不走快点儿,上学就要迟到了。""磨磨蹭蹭的,穿衣服像绣花一样。"如果父母经常对你说这样的话,你就要反省自己是否做事情专注力不强了。

如果我们在学习的时候总是拖拖拉拉,需要家长或老

师监督和催促，做作业比同班同学多花很多时间……出现类似这些情况，只有少部分原因是个人习惯不好，大部分原因是不专注。这样的情况下，我们就要想办法加强自身的专注力，提高自己的做事效率。

关键点❸ 强制专注，不做多动的"小怪兽"

有些同学在上课时常常做一些小动作，比如抠手指，攥衣角，偷看同桌在干什么，扯前桌女同学的头发等。老师在讲课，他却小动作不断，长此以往，不但自己无法专心致志地听老师讲课，还会影响周围的同学。

当我们意识到自己上课不专心，喜欢做小动作，注意力不集中时，就要及时把自己的思维拉回来，强制自己专心听老师讲课。久而久之，就会养成专注的好习惯。

抵制电子产品对专注力的破坏

学习中的小烦恼

文轩对围棋产生了浓厚的兴趣,因为是在线上学围棋,所以他经常抱着平板电脑学习下法,并与他人对弈。开始的时候,爸爸常夸文轩勤奋好学。可是后来文轩日益沉迷于网络,抱着平板电脑不仅下棋,更是常常玩儿游戏,有时甚至在爸爸妈妈睡着后还偷偷拿出平板电脑熬夜打游戏。

文轩逐渐睡眠严重不足,白天上课时精神涣散,根本无法专心听讲。更让爸爸妈妈痛心的是,文轩的视力急剧下降。

沉迷于电子产品后,文轩的问题越来越多:易怒、不愿社交、不听话、爱顶嘴、不爱学习……

爸爸妈妈意识到文轩的问题后,用了各种方法,但没有一种方法可以让他放下平板电脑,把心思放到学习上。最后,爸爸只好把文轩的平板电脑没收了。

平板电脑被爸爸没收,这让文轩变得异常愤怒,但爸爸并没有因此妥协。爸爸给文轩买了副漂亮的围棋，自己也开始研究围棋，并将文轩学围棋的线上任务换成线下做，他做文轩的围棋陪练。

这个过程对文轩来说很痛苦，但是，渐渐地，他拥有了健康的作息习惯，也有更多的精力去学习，去做真正有益的事了。又过了一段时间，课余和周末，文轩开始约朋友一起运动，并且爱上了打篮球。后来，文轩渐渐摆脱了对平板电脑的沉迷。

电子产品为什么是破坏专注力的罪魁祸首？

我们被各种电子产品包围，各色各样的节目、各种各样的功能、各式各样的游戏……电子产品牢牢地吸引了我们的注意力。电子产品的确丰富了我们的生活，给我们的生活带来很多便利。但是，也不得不承认，它们常常破坏我们的专注力，甚至影响我们的学习。

其实，科技发明代表人类文明的进步，电子产品本身没有害处。网络时代，要让我们完全与电子产品绝缘并不现实，毕竟电子产品也是工具。这就要求我们要学会合理使用电子产品。如果我们沉迷于电子产品，导致自己精神涣散，上课走神，做作业敷衍，那么，电子产品就对我们的学习和生活产生负面、消极影响了。

我们的时间和精力是有限的，玩儿电子产品是一件耗时耗力的事，如果我们把时间和精力都花在玩儿电子产品上，自然就没有多余的精力和时间去学习了。而在现阶段，我们最重要的任务就是学习，所以，我们必须自觉抵制电子产品的诱惑，不要因为眼前短暂的"快乐"而使自己将来产生巨大的遗憾。

网络时代，我们要如何合理使用电子产品？

关键点❶ 要做到适时、适度使用

在课余时间，很多同学喜欢通过玩儿游戏、看电视来放松心情。短暂的娱乐是可以的，但我们要把握适时、适度的原则，严格控制自己使用电子产品的时间。

能够在游戏机等电子产品唾手可得的环境下安心学习的同学很少。所以，要想自我约束，提升专注力，我们学习时就要把电子产品收起来，放到我们看不到的地方。

关键点❷ 电子产品以及相关内容要经过父母的筛选

网络时代，要让我们和电子产品绝缘并不现实，毕竟电子产品也是工具。所以，我们要学会有效利用电子产品，让电子产品成为我们学习进步的帮手。我们所用的电子产品以及听或看的内容必须经过父母筛选，要有实用价值、有意义，而且，尽量多听音频，少看视频。

关键点❸ 多进行户外活动，减少玩儿电子产品的时间

爱玩儿是我们小孩子的天性，一般来说，只要能出去玩儿，就不愿意在家里憋着。多进行户外室外活动既可以减少我们看电视、玩儿游戏等接触电子产品的时间，又能增加我们的运动量，增强我们的体质，有利于身体健康。另外，经常在户外活动也是保护视力的方法之一。

消除影响专注力的外部因素

 学习中的小烦恼

刚过去的暑假,小凡在外公外婆家待了一段时间。外公喜欢看电视,因为耳背,电视的声音总是开得很大。小凡写作业时总是被客厅中电视发出的声音吸引,忍不住跑出来看电视,他每次都想着只看10分钟,却一次都没有遵守,一到电视机前就不由自主了。

还有一件让小凡苦恼的事情是,他写作业的时候,外婆一会儿开门问他渴不渴、要不要喝水,一会儿给他端来一大盘水果……毫不夸张地说,小凡写一个小时的作业,外婆常常进进出出四五次,这让小凡很难进入专注的学习状态。天知道,那个暑假小凡多么想念学习时不被人打扰的时光。小凡很想告诉外婆不要打扰他学习,但是又不忍心拒绝外婆的一番好意。

其实,小凡一直都算专注力较强的孩子,学习也很自觉主动,这源于爸爸妈妈营造的家庭氛围。在小凡家,小凡学习时

家里都是静悄悄的。爸爸妈妈不会在小凡学习时在客厅看电视或大声交谈,更不会突然闯进小凡的房间给他送水、送吃的,就连打扫卫生都不会在这个时间段。

小凡妈妈从来没有催促过小凡赶紧写作业,却时常督促小凡把他的书桌收拾干净。妈妈要求小凡,书桌上除了学习用品,不能放任何玩具和电子产品。一开始,小凡很抗拒,他不想把心爱的漫画书收起来,而是想随时都能看到,但是妈妈说这件事没有任何商量的余地,小凡只能妥协。

静悄悄……

渐渐地，小凡习惯了书桌上干干净净、没有任何杂物，也习惯了用完物品随手归位，他平时根本不需要花费太多时间整理书桌。每当坐在整洁的书桌前，小凡就变得心无旁骛，只想着学习这件事了。

外部环境对我们学习有什么影响？

我们之所以在学校学习效率高，是因为学校为我们营造了安静的学习环境。上课时，老师会要求我们专心听讲，课桌上除了书、笔等学习用品之外，不允许放其他杂物；上课时，学校也不允许任何人大声喧哗。这些要求和规定，都是为了营造良好的学习环境，保证我们不被外界打扰，能够专注学习。

我们在这个年龄段自制力较弱，很容易被环境影响。你不妨想一下，上课时，如果有同学做与学习无关的事、大声说话或打闹，大家的注意力是不是马上就被他吸引了？在家里学习时，我们是不是只要听到电视发出的声音，就产生想看电视的念头，学习的心思也被冲淡了？

学习环境对我们的专注力、记忆力有很大影响。环境安静时，我们的注意力都集中在书本上，大脑接收、储存的都是我们学习的知识，记忆、学习的效率很高；而且，在安静的环境中，我们更容易做到持续学习。环境嘈杂时，我们很难专注地学习，学习效率自然不会很高。

一般来说，学校的学习环境都不会太差，我们要注意的是家庭环境对学习的影响。比如，我们学习时，家里的其他成员在看电视、听音乐或大声交谈；家里到处都是自己喜欢的玩具，书桌上还放着自己最爱玩儿的平板电脑；窗外不时传来小伙伴玩闹的声音……这些都可能使自己把注意力从书本上转移开。

所以，为了能够专注学习，我们一定要和爸爸妈妈一起，为自己创造一个安静的学习环境。每个注重孩子学习的爸爸妈妈都会主动配合，为我们创造一个能够专注学习的环境。

为自己创造一个良好的学习环境

关键点❶ 学会应对爸爸妈妈的无心打扰

如果爸爸妈妈总是习惯性地打扰我们学习，使我们的专注力受到影响，我们该怎么办呢？

首先，我们要告诉爸爸妈妈，我们学习时需要安静的学习环境，如果经常被打扰，我们很难集中精神，专注力会受到影响，让爸爸妈妈知道他们行为的不妥之处。

其次，在我们开始学习前，要把爸爸妈妈要求我们做的事情做完，然后问他们还有没有其他事情，如果没有，自己就要开始写作业了，并告诉爸爸妈妈，自己写作业时不希望被打扰。

关键点❷ 学会自我管理，将书桌上与学习无关的东西收起来

在学习的时候，把与学习无关的东西收起来，让书桌变得整洁，这也是一种自我管理。如果我们无法独力做到，可以让爸爸妈妈监督我们养成这个习惯。

很多真实的案例表明，专注力不强、不会自主学习的人都有一个共同点，那就是自理能力差，主要表现为书桌永远都是乱糟糟的。这样的孩子在学习前总是需要先收拾书桌，需要到处找资料或文具。时常处在混乱的环境中，大脑也会随之混乱，如此一来，学习效率自然不会太高。

书桌是我们最重要的学习工具，书桌是否整洁，不但反映出我们的素质，还关系到我们的学习效率。保持书桌整洁，能调动我们学习的积极性，让我们产生学习的欲望，并在学习的过程中保持热情。

所以，要想专心学习，提高我们的专注力，我们首先要学会整理书桌，为自己创造一个可以主动并静心学习的环境。

关键点❸ 打造一个专属自己的学习空间

拥有专属自己的学习空间更容易使我们快速进入学习状态，提高学习效率。研究表明，人在特定的工作环境中工作，效率会更高。学习也一样，比如，在教室学习比在家里学习效率高，在图书馆看书比在其他地方看书效率高。为什么会这样呢？是因为我们进入这样的特定场所时，内心的潜意识会进行自我调节，然后迅速进入状态。

所以，当我们离开餐桌或客厅，进入专属自己的学习空间后，学习意识就启动了，我们会更容易专注，学习效率会更高。

专属自己的学习空间很好打造，我们只需开辟一个完全独立的空间，最好是属于我们自己的独立房间。如果没有独立的房间，可以选择客厅的一个角落，将这个角落与公共区域区分开。当我们一走进这个区域，大脑的第一反应就是"要开始学习了"。

爸爸妈妈的信任，让我的专注力更强

学习中的小烦恼

乐乐以前总认为自己在学习方面并不是一个天赋型选手，总认为自己学习能力差。但是乐乐的爸爸妈妈却不这样认为，他们一直对乐乐充满信任和包容。

四年级之前，乐乐的成绩一直比较差。但无论乐乐的学习成绩单多么不漂亮，乐乐的爸爸妈妈总能找到夸奖乐乐的地方，比如，这次比上次多考了一分，真棒；相同的题型上次错了，这次没错，真棒……他们坚定地相信，乐乐能够通过自己的努力学得更好。

乐乐的爸爸妈妈不像别的家长那样，很少催促乐乐学习，更不会坐在乐乐身边监督乐乐写作业。

有一次，乐乐问妈妈："你为什么不盯着我学习呢？你和同学的妈妈不一样。"妈妈说："任何人在别人的监督下工作，都不是一件特别愉快的事情，那双盯着我们的眼睛会让我们很不舒服，没法儿完全专注于工作，因此，工作效率和工作质量都不会很高。学习也是如此。我希望你学习是自动自发的，而不是因为我的监督和催促。"

当时乐乐还小，似懂非懂，后来乐乐才懂得妈妈的睿智。正是因为爸爸妈妈的鼓励和信任，才让乐乐养成了自信、自觉和专注的好习惯。

对学习有自信，并能专注地学习，就不愁考不出好成绩。乐乐的确是一匹后劲十足的黑马，小升初时，乐乐凭借优异的成绩上了一所非常好的中学。

为什么我们希望得到父母的理解和信任?

不少爸爸妈妈在孩子学习时总是喜欢盯着孩子,或者是徘徊在孩子的身边,以便随时能监督孩子。还有些爸爸妈妈在孩子学习时,总喜欢打断孩子,一会儿告诉孩子这个字写错了、那个词用错了,一会儿又提醒孩子坐端正,保护好眼睛,过一会儿又说要多喝水……

为什么会这样呢?究其原因就是他们对孩子不信任,怕孩子注意力不集中、写作业不认真、不能按时完成作业……

让我们想想看,当我们全神贯注地做一件事时,身旁却总有人不断地挑错或打断我们,我们的心情一定不会太好。在这种状态下,我们还能静下心来专心学习吗?答案显而易见。

爸爸妈妈监督我们学习,就是在告诉我们:"你的学习离了我们不行。"当爸爸妈妈认为我们不能做好的时候,我们就常常真的做不好。爸爸妈妈的这种做法也可能使我们觉得自己笨、不自觉,觉得自己这样也不对,那样也不好……学习过程中有这么多不好的体验,我们怎么可能愿意学习呢?

还有些爸爸妈妈对孩子的分数过度关注,孩子某次的分数稍差一些就非打即骂。长久以往,孩子就会产生恐惧心理。在父母的眼皮之下,有时候原本会做的题反而不会了,这是因为孩子太在乎爸爸妈妈的满意度了,学习的时候还要分出精力去关注父母对自己是否满意,反而无法专心学习,导致学习效率降低。

父母是我们最亲近的人,我们最希望得到爸爸妈妈的认可和信任。在学习的时候,如果爸爸妈妈总想无时无刻不盯着我们,我们可以真诚地对他们说:"爸爸妈妈,请相信我自己能做好。"

如何赢得父母的信任?

关键点 ❶ 主动学习,并提升专注力

其实爸爸妈妈每天上班很辛苦,他们也希望下班后能有属于自己的闲暇时间,可以做自己喜欢做的事。他们之所以放弃自己的闲暇时间监督或催促我们,是因为他们看到我们在学习中存在需要改善的状况。

比如,可能我们存在没按时完成作业、作业错写漏写、理解能力差、学习成绩不理想等情况。出现其中一种情况,都会让爸爸妈妈觉得自己责任重大,于是想方设法地补救,全身心地扑在我们的学习上,因为他们担心如果没有他们的监督,我们的成绩会一塌糊涂。

而如果我们学习足够认真和专注，爸爸妈妈也就能安心地放手了。所以，我们只要做好自我约束，积极主动地学习，学习时专注而认真，爸爸妈妈就会信任我们，从而放心地让我们独立学习。

关键点❷ 多和爸爸妈妈沟通，让爸爸妈妈理解自己

如果我们做到了自觉、主动学习，并且学习时很专注，但爸爸妈妈却依然喜欢在我们学习时盯着我们，不断挑错或打断我们学习，我们就要告诉他们，他们的行为已经严重影响了我们学习，请他们改正这些做法。

我们要与爸爸妈妈诚恳地沟通，让他们知道，学习是我们自己的责任，不是他们的。我们需要的是他们对我们合理的支持和帮助，在适当的时候给予我们鼓励和理解，而绝不是守在我们的身边，时刻盯着我们，做我们学习的监工。

科学训练，培养自己的专注力
——超级专注力训练

专注力强的人，不仅在学习和个人素养方面容易取得进步，踏入社会在工作领域也容易获得较大的成绩。所以，要想挖掘自己的潜力，让自己拥有更好的前景，就要下功夫训练自己的专注力。那么，训练专注力有哪些具体的方法呢？

舒尔特方格训练法

舒尔特方格训练法最初用于飞行员和航天员的训练中，后来被广泛用于学生的专注力训练中，很多学生用这个方法训练过一段时间之后，专注力得到明显提升。

舒尔特方格训练法是目前非常普及且比较简单的提升专注力的训练方法。我们只需找一张纸，在上面画出25个正方形小方格，在这25个小方格中随机写出1~25的数字，注意，数字要打乱顺序写。然后我们在这张纸上按照1~25的顺序找出数字，边找边读出声，并用手指指出。准确地按顺序指读这25个数字所用的时间越短，代表专注力越强。

以7~12岁这个年龄段为例，按顺序正确指读完成所用的时间在 26 秒以内为优秀，27~36 秒属于中等水平，37~45 秒则代表专注力不足。

一般来说，专注力强的同学在班级里成绩大概率会名列前茅，专注力较差的同学，成绩大概率处于班级中下游水平。所以，假如你想提升专注力和学习效果，就赶紧用这个方法训练吧。

🔵 听、说、看协调训练法

有些同学在上课的时候眼睛一直盯着老师，看似在非常认真地听讲，但是每当老师让他回答问题时，他却什么都答不出来。原因就在于这些同学没有让听觉、视觉和语言功能协调工作，所以看似专心，实则心不在焉。

可以利用一些小游戏进行听、说、看协调训练，比如，"我来比画你来猜"这个游戏。找一些生活中常用的词语，让一个人比画并描述，另一个人用眼睛去观察对方比画的是什么，用耳朵去听描述的关键词，用嘴巴说出所猜的答案。这样的游戏需要充分调动我们的眼睛、耳朵和嘴巴，让它们协调工作，从而达到使自己变得更专注的目的。

🔵 手脑并用训练法

训练专注力的方法有很多，而手脑并用是一种直接有效的方法。因为当我们的手动起来时，大脑也会随之活跃起来，比如，我们刚接触数学时，曾用过掰手指的方法进行计算，其实，这就是简单的手脑并用。

很多人不擅长手脑并用，这也可以通过训练加以改善。我们可以做一些指令性游戏来提升我们的专注力。比如，对不同类别的词语做出不同反应。举个例子，我们可以玩儿这样的游戏：同伴随机说某种蔬菜或水果的名称，我们听到蔬菜类的名称就举手，听到水果类的名称就抬脚。这样的训练不仅能使我们更专注，也能培养我们对词语的敏感性。

● 抗干扰训练法

我们之所以很容易受环境影响而难以专注，主要是我们自身缺乏抗干扰能力。抗干扰能力也是可以通过训练而有所提高的。

抗干扰能力的训练方法有很多。比如，我们可以对着一张纸上写满的多个数字，进行"双数+1""单数-1"的心算，并要将结果脱口而出。身边的人在旁边随意说出各种数字对我们进行干扰，我们要做的就是保持镇定和专注，不受干扰地完成心算任务。这个过程中，我们必须能抵抗干扰，否则就会失败。这样的训练对提高专注力非常有效。

第五章

核心思维力:

创造性思维会帮我们解决更多难题

　　创造性思维力会帮我们解决学习和生活中的许多难题。未来,创造性思维力将变成一个人的核心竞争力,是优秀人才必须具备的能力。

学习靠思考,提升思维力是关键

 学习中的小烦恼

一直以来,敏敏都是一个听话的孩子,她把大人们的话当作圣旨般对待。对于学习,敏敏也认为只要按照大人的指导去学习就可以了,没有必要进行更多思考。

在小学阶段,敏敏的成绩一直都很不错,几乎次次满分。但是上了中学之后,全靠死记硬背的方式学习的敏敏,在初一第一次数学测验时就被泼了一盆冷水——她的数学成绩几乎在班里垫底。

"我明明认真听讲了,为什么成绩这么差呢?"敏敏百思不得其解。敏敏的同桌数学考了满分,于是敏敏请他讲解一下错题。听他讲解后,敏敏才知道,这次测试题都是老师讲过的内容,只是变换了出题方式而已。但是,考试的时候,敏敏在看到这些题目时,只是觉得似曾相识,却不知道怎么去解题。

在这之后,敏敏反思了自己的学习方式,她发现,自己学

习时虽然认真,但是不喜欢动脑筋思考,不喜欢钻研,所以做不到触类旁通。这样怎么能学好呢?

经过思考学到的知识才是属于自己的。

 **什么是创造性思维力?**

创造性思维力是指思维活动的创造性和创新性表现,不墨守成规,而是求新、求变,表现为创造性地提出问题和创造性地解决问题。无论学习还是生活,我们都离不开创造性思维力。遇到难题时,老师让我们勤思考、多动脑,于是我们尝试用不同的方法思考并解决问题,这也是在培养我们的创造性思维力。

缺乏创造性思维力的人,常常遵循死板的规则,遇到超出以往经验的事情往往束手无策。而拥有创造性思维力的人，遇到问题和困难时更灵活、更机敏，不会轻言放弃，而是从不同角度观察分析问题，不断尝试解决问题，并非常享受解决问题和困难的过程。对于这样的人来说，探索未知，尝试新鲜事物，不断改进和创新是一件充满乐趣的事。

无论在学校，还是将来步入社会，我们最需要的能力就是解决问题的能力，所以，我们的创造性思维力越强，竞争力也就越强。

以考试为例，题目越来越开放、灵活，那些只会死记硬背，通过记住固定的套路来解题的人终将被淘汰。在未来，综合能力以及创造力终将变成一个人的核心竞争力，是优秀人才必须具备的能力。

如何培养思维力来解决问题？

关键点 ❶ 了解思维力包括哪些方面

思维力对我们解决问题有很大的帮助。那么，思维力到底由哪几方面组成呢？

首先，我们在面对问题时，要有分析判断能力。分析判断能力就是对事物或知识进行分析，通过分析发现其特殊之处，然后进行辨别和判断，之后，具体问题具体分析，最终达到解决问题的目的。

其次，我们在解决问题时，要有综合整理能力。简单来说，就是将各个知识点进行概括整理，梳理、把握知识点之间的联系，使零散的知识点形成有机的整体，我们就能融会贯通。

最后，我们在阐述一个观点时，要有论证能力。我们所有的观点，都应是在充分理解所学知识后得出的，而且，仅仅有结论和观点还不够，我们还要证明自己的观点是正确的。

总之，思维力是看不见摸不着的，但是只要我们懂得让我们的思维力发挥作用，它就能帮我们解决大部分问题。

关键点❷ 提升思维力，也是开发我们的智力

在学习的过程中，多动脑、勤思考可以让我们掌握更多的知识。而勤思考会不断地锻炼我们的大脑，我们的智力也会自然而然地得到开发。

众所周知，智力与学习效果有很强的关联性。同样一道题目，对于智力水平很高的学生来说，除了按照老师所教的解题思路解题之外，他可能还能想出更多的解题方法。反之，智力水平低的学生则有可能连老师教授的解题方法都无法理解。

而智力的核心是思维，要想进一步开发智力，就要想办法提高自己的思维能力，提升大脑理解知识和运用知识的能

力，学会运用多种思维方式锻炼自己解决问题的能力，让活跃的思维促进智力发展，从而提高我们的学习效能。

关键点❸ 思维导图有助于我们提升思维力，让我们既快又好地梳理信息，记忆知识

思维导图是表达发散性思维的有效的图形思维工具，是由英国的"记忆力之父"——托尼·布赞先生发明的。托尼·布赞也因思维导图这个简单有效，兼具实用性的思维工具而闻名国际。

思维导图是一种将思维形象化的方法，以图文并茂的方式把大脑中的各种信息进行分级整理，把主题关键词与图像、颜色等建立记忆链接，并用层级图表现出来，充分运用左右脑的机能，利用记忆、阅读，以及思维的规律，协助我们记住难记的知识点。

做思维导图的目的是帮我们理清思路，将复杂的问题简单化。思维导图要简洁明了、重点突出，结构框架要逻辑清晰。所以，思维导图并非越复杂、越详细就越好。

那么，是不是所有的知识点我们都要用思维导图的方式进行记忆呢？当然不是。只有那些我们自己觉得难以理解、涉及的知识面广、难以记忆的知识点，才有必要做出思维导图，帮助我们进行思考和记忆。

带着问题去学习，好奇心是创新的起点

 学习中的小烦恼

嘉嘉从小就是一个好奇宝宝，她对周围的一切都充满好奇，很喜欢问问题，一个问题接着一个问题地问。嘉嘉问出的问题把妈妈搞得头昏脑胀，但妈妈依然会耐心地回答嘉嘉的每个问题，很好地保护了嘉嘉的求知欲。于是，喜欢问问题成为嘉嘉的习惯。

上学之后，嘉嘉依然热衷于提问，但是让嘉嘉苦恼的是，她在课堂上提出一些问题后，老师有时会说："你的问题与课堂内容无关。"比如，学《暮江吟》这首诗时，嘉嘉问老师："珍珠是怎么形成的？为什么蚌壳内可以长出珍珠呢？"老师对嘉嘉说："你只可以提与这首诗相关的问题。""可是，这首诗说'露似真珠月似弓'啊，它提到了珍珠，我就联想到了这个问题，我确实对这个问题很好奇啊！"嘉嘉说。

这件事的最终结果是嘉嘉悻悻然地坐了下来。从那以后,同学们称嘉嘉为"十万个为什么",而嘉嘉却再也不爱上语文课了。

 **好奇心对我们的学习有帮助吗?**

巴尔扎克曾说:"打开一切科学大门的钥匙,都毫无异议地是问号。"好奇心是创新的开始,许多科学家和发明家都是好奇心特别强的人。比如,居里夫人对天然放射现象充满好奇,最终发现了镭;牛顿对苹果落地产生了好奇心,最终发现了万有引力定律;天文学家哥白尼听说可以利用太阳

的影子来确定时间，对太阳和地球的运动规律非常好奇，最终提出著名的"日心说"……好奇心是对新奇的或不了解的事物想要探究的一种心理状态。拥有好奇心可以使我们保持强烈的求知欲和探索欲，让我们带着问题去思考，去学习新的知识，去寻找答案。好奇心是我们学习的内在动机之一。

我们不妨想一下，那些成绩优异的同学是不是都有一个共同点，那就是喜欢提问。喜欢提问的人一定也喜欢思考，爱思考的人才能"知其然，知其所以然"。而那些不爱提问的同学，通常只是被动地接受老师教授的知识，大多没有进行深入思考，这样对掌握知识缺少帮助。

我们学习的目的，不仅仅是掌握现有的知识，更重要的是思考知识背后的奥妙，以及思考我们如何把这些知识运用在日常生活中。

所以，要多问"为什么"，启动思维，打开思路，将学习的主动权掌握在自己手中，只有这样，才能保护我们的好奇心和求知欲，从而提高我们的观察力、想象力、创造力，以及思考力。

培养质疑能力,带着问题学习

关键点❶ 有疑问就提出来,大胆质疑,小心求证

我们一定要学会带着问题学习。在课堂上,除了认真听讲之外,更应该多关注知识的难点、疑点。只有带着疑问听讲,我们才能启动思维,积极解决疑惑。总之,在课堂上我们不但要"会听",还要"会思考""会提问"。

韩愈说:"师者,所以传道受业解惑也"。一般来说,老师都会非常欢迎我们积极提问,因为爱问为什么,是爱学习、爱思考的表现。有了老师的帮助,我们就能更快地解决问题。

记住,爱问"为什么"是一个正面行为。只有勤于思考,敢于质疑,善于求证,才能发现问题,解决问题。这样,学习才能学得透,学得好。

关键点❷ 寻找有价值的问题,做一个"会提问"的人

教育学家顾明远曾说:"不会提问的学生不是一个好学生。"我们知道提问的重要性,也想做一个"会提问"的人,但苦恼的是,自己不知道如何提问。那么,有哪些方法可以帮助我们提出有价值的问题呢?

首先,我们要养成预习的习惯。我们在预习时,一定会遇到一些我们不懂的难点、疑点,我们可以把这些知识点标

记出来，自己先进行分析、思考，如果自己实在无法弄懂这些知识点，第二天听老师讲课时，我们可以有重点地听课，并可以把自己的疑问提出来，寻求老师的帮助。

我们需要注意的是，提问前确保自己已经对这个问题进行过独立思考，只有自己经过认真思考却无法理解的问题才有提问的价值。

其次，上课认真听讲。围绕重点和难点专心听讲，跟上老师的思路，积极思考"为什么是这样？有没有别的解题思路？"有了这些疑问，我们就可以找时机向老师提出问题。

最后，要有"打破砂锅问到底"的精神。提问是对不懂的知识提出疑问，不是在挑战老师的权威，所以，不要怕会惹得老师不高兴。我们对知识有了疑问，自然要知道其中原委。我们要把每个知识点都弄懂、吃透，才能在学会现有知识的基础上，提出更有价值的问题。如此循环往复，我们的思维也会越来越敏捷。

不给思维设限，走出惯性思维的窄胡同

 学习中的小烦恼

爸爸问茜茜："弯弯的月亮像什么？"

茜茜回答道："弯弯的月亮像羽毛。"

爸爸说："宝贝，不对，弯弯的月亮像小船。"

爸爸又问茜茜："圆圆的月亮像什么？"

茜茜回答道："圆圆的月亮像烧饼。"

爸爸又皱起了眉头，对茜茜说道："你应该回答圆圆的月亮像银盘。"

面对爸爸的否定，茜茜心想："天边弯弯的月牙儿有时被薄薄的云遮住，远远地看，真的很像白色的羽毛啊。圆圆的月亮不正像爸爸前几天下班带回来的烧饼那般模样吗？为什么爸爸说我回答得不对呢？"

后来，茜茜开始上学了，每天要做很多题目，每道题都有

标准答案，即使没有标准答案，也不能偏离出题人出这个题目的初衷。做的题多了，茜茜开始有了自己答题的套路，她看到题目，就按照自己总结的套路回答。这样的学习习惯伴随着茜茜成长。

然而，随着所学知识的深度和广度不断增加，茜茜发现，自己在解答一些题目时不再那么得心应手了。很多题目需要从不同的角度分析，茜茜的思维劣势一下子就显现出来了，学习成绩也呈断崖式地下滑。

为什么不能用惯性思维学习?

什么是惯性思维?惯性思维也叫思维定式,是指我们在生活和学习中,将长久以来积累的经验变成一种比较稳定的思维模式,然后遵循这个思维模式去思考问题。通常情况下,惯性思维可以帮我们快速地解决一些简单且总是重复出现的问题,但是当我们所处的环境、面对的问题发生变化时,惯性思维则会禁锢我们的思考。

惯性思维很容易让我们在解题时过分依赖以往的经验,不懂得变通,从而导致相同的知识点换个出题方式就不会解答了。所以,我们不能用惯性思维学习,不能依赖经验,而要打破惯性思维,多思考,多琢磨,用多维的角度思考问题,反复训练我们的思维,头脑才能越锻炼越灵活。

打破思维定式,多角度、多维度地看待问题

关键点❶ 打破思维定式,不依赖以往经验

当我们遇到难题的时候,要勇于打破思维定式,不过分依赖以往的经验,在原有的经验和教训上进行创新性思维,为解决问题提供更多思路。即使已经解出正确答案,也可以

再问问自己："这是最快最好的解题方式吗？""我是不是还能想到更好的解题方法？"这样做可以很好地帮助我们走出惯性思维，学会多角度地思考问题，为解决问题提供更多可能性，提高我们分析和解决问题的能力。

关键点❷ 别给思维设限，换个角度看待问题

为什么别人可以拥有天马行空的想象力，写得一手好文章，而我们却只会写一些陈词滥调呢？为什么同样的题目，别人能用多种解答方式写出答案，而我们只能想到一种呢？问题的根源就在于我们总是给自己的思维设限，惯性思维就像牢笼一样把我们困住了。那么，我们要怎样才能把自己从这个牢笼中"解救"出来，让自己思维不再受限呢？

首先，学会换个角度看待问题。惯性思维往往使我们习惯于站在同一个角度看待问题，然而，生活中的很多事物都不仅仅是我们一眼望去所看到的样子。如果一味地用固有的思维和角度去思考和解决问题，那么问题往往无法解决。

所以，我们要多尝试从不同角度看待和思考问题，发现问题的多种可能性，从而发挥我们的思维，找到解决问题的多种途径。

其次，善于逆向思维。逆向思维指的是从另一个方向看待问题，这个方向通常和大家约定俗成的思考方向相反，这样的思考方式有助于我们从限定的思维方式中跳出来。

最后，遇到问题，不要急于下结论。不管你遇到任何问题，都不要轻易地用常规思维武断地下结论。要多观察，经过多方思考后再下结论。

关键点❸ 多阅读，多思考，知识面越广，思维越宽

通常，一个人的知识面越狭窄，认知层次就越低，越容易固执己见，"井蛙不可语海，夏虫不可语冰"就是这个道理。我们掌握的知识越多，见识越广，就越能发现自己的无知，越容易接受新的思维方式和观点。

所以，我们要想打破惯性思维，就要多阅读、多思考、多见识，让自己拥有足够多的知识。认知的局限性越小，思维就越不会受限制，我们面对问题时就能快速找到解决方案。

记住，知识面有多广，思维就有多宽。

提升分析思维，
让思考力和学习力完美结合

 学习中的小烦恼

随着年龄的增加，学习的知识越来越丰富，学习的内容越来越多，如果只靠死记硬背而没有分析思维，很难取得好的学习效果，特别是文科类科目。

宁畅刚开始接触道德与法治、历史等学科时，觉得只要记忆力好，把所学的内容都背下来，就不愁考不出好成绩。第一次检验学习成果时，看到主观论述题，他提起笔来，把脑中记忆的和这道题有关的内容一股脑地写出来。看着试卷上密密麻麻的字，宁畅得意扬扬，忍不住想夸夸自己的记忆力。

然而让他没想到的是，他的分数并不高。老师在分析题目时说道："通过这次检测，我发现有些同学的问题在于论述毫无重点，想到哪儿写到哪儿，毫无逻辑可言。有的同学更是恨不得将整本书的内容都写出来，老师不得不在一大段文字里去

找回答得还算沾边儿的话，找一个采分点就像大海捞针。其实，对于这类题目，我们首先要分析题目到底想问什么，先进行思考，然后有逻辑地写到点子上，这样才能得高分。"

听完老师的话，宁畅恍然大悟。答题时并不是靠死记硬背、写得越多越好，而是要经过思考和梳理，写到点子上。

如何将思考力和学习力结合？

孔子说："学而不思则罔，思而不学则殆。"意思是只学习不思考就会迷惘而无所得，只思考而不学习就会疲惫而无所得。这简单的两句话，就将学习与思考之间的关系说得明明白白。

其实，学习的过程就是思考的过程。比如，面对一道复杂的数学题，我们要先认真审题，审题的过程中，要用铅笔把已知条件和关键条件都标出来，然后运用自己掌握的知识进行思考，找出隐藏信息，之后进行运算，解答。这其实就是思考和学习相结合的过程。

爱因斯坦曾说："提出问题比解决问题更重要。"能提出问题，是我们经过主动思考的表现，也是学习的关键。真正的学习过程就是，通过知识的积累，我们发现问题，提出疑问，引发思考，从而自主地投入探索新知的活动中，最终通过我们积极、主动、创造性的思维，获得新知识。

真正学习好的人都是能够将学习和思考完美结合的人，懂得举一反三、触类旁通。比如，主动地思考这个字是什么意思，这个词要在什么场景下使用，这个数学公式能解决什么样的问题，怎样记单词才能记得更牢、更高效。善于动脑，勤于思考，这样的学习方式才能有效锻炼我们的大脑，让我们的思维更敏捷，学习更高效。

如何提高我们的分析思维能力？

关键点❶ 日常多积累，做好知识储备

分析和思考需要脑中有知识才可以做到，假如我们的大脑一片空白，思考就难以进行。所以，提升我们分析思维能力的前提就是有足够的知识储备。那么，我们的知识储备来自哪里呢？当然是来自于我们的学习、体验和积累。

我们只有多读书、多学习，并在实践中积累经验，才能在解决问题的过程中使思考更有基础。

关键点❷ 多与优秀的同学交流，提炼他人的思考模型

多向优秀的同学请教，听听他们是如何分析题目的，听的时候不要只听答案，而是要弄明白：他的思考逻辑是什么？他是怎样拆解问题的？他是如何总结出这样精炼又准确的答案的？

假如你和同学的观点有所不同，也不要急于否定，而是要深入想一想彼此观点不同的原因。

关键点❸ 刻意练习，提升逻辑思维能力和归纳总结能力

我们阅读时，可以做结构式读书笔记，以此来提升自己的逻辑思维能力。看完一本书后，我们还要学会归纳、提

炼书中的主线故事，学会用自己的话把书中的大概内容做简单的总结。当我们对某篇文章的内容进行充分理解、思考之后，我们还可以以文章中的知识点为主题写文章，表达自己的观点，以此提升自己的分析和思考能力。

培养四大思维能力
——思维能力训练

学习是一个思考的过程。假如我们学习时只是单纯地死记硬背,而不思考知识背后的奥义,一般来说学习效果不会太好。而且,我们学习的目的不仅仅是把知识装进脑子里,更重要的是要运用知识。培养以下四大思维能力,对我们运用所学的知识有很大帮助。

● 归纳思维

著名数学家高斯曾说:"我的许多发现都是靠归纳取得的。"归纳,就是通过多种手段,从许多个别的事物中,发现共同规律,总结出普遍特征。在这个世界上,大多数人都在用归纳法对事物进行认知,简单来说,就是用归纳的方法积累经验。

归纳思维可以使我们快速看清事物的特征,总结出事物的规律,然后做出准确判断。比如,当碰到一道难题时,我们有时会不知道从何下手,但是对于拥有归纳思维的同学来说,他能迅速找到难题的重点,提炼出题目中有用的信息,找到解题方法。

如何培养我们的归纳思维呢？最好的方法就是养成归纳总结的习惯。比如，看书时，我们要养成对书的内容做总结的习惯，可以写成读书笔记。我们要做到有输入就有输出，把自己的所思所想都写出来，自然而然，我们的归纳思维会变得越来越强。

数理思维

数理思维是指学习数学、物理、化学等理科科目时的逻辑思维能力。数理思维是多样化的思考维度，在运用数理思维的过程中，我们会用到观察、比较、分析、综合、抽象和概括等多种手段。所以，培养我们的数理思维可以使我们解决问题时，思考更加全面，对问题进行多维度分析，善于举一反三，从而快速地解决问题。

那么，怎么培养我们的数理思维呢？这就要求我们在生活中多观察、多比较、多分析和多概括，在生活中遇到难题时，多用数理思维去解决，让数理思维成为自己的思考习惯。

类比思维

著名哲学家康德曾说："每当理智缺乏可靠论证的思路时，类比这个方法往往能指引我们前进。"类比是对两个或多个具有相同或相似特征的事物进行对比，从某一事物的已知特征去推测另一事物存在相应特征的思维活动。类比思维是我们学习中的一种重要手段，运用类比思维探索、学习新知识，让我们在掌握旧知识的时候发现新知识。类比思维也是一种逻辑思维，对数学以及其他学科的学习有重要意义。

那么，我们如何培养类比思维呢？我们可以在日常学习中多运用类比思维，比如，空间图形类比，找一些长方体、圆柱体、圆锥体、三棱锥体等不同的立方体，通过观察、分析和思考后找到不同立方体的特点，分析其共性及不同。除了这些，我们还可以多进行解题方法类比、相似题目类比、场景类比等思维训练。这些方法都可以锻炼我们灵活运用类比思维的能力。

发散思维

发散思维是一种展开性的思维方式，是创造性思维的重要特点。擅长发散思维的人可以从多角度、多维度思考问题，最终可能发现与众不同的问题。有意识地培养自己的发散思维能力，使自己的思维更具独立性、新颖性、灵活性，可以让我们在未来拥有核心竞争力。

那么，我们该如何培养自己的发散思维呢？法国生物学家贝尔纳说过："构成我们学习上最大障碍的，并不是未知的东西，而是已知的东西。"无论成人还是孩子，常常会受到惯性思维的影响，凭借之前的经验来对新事物做出判断，这很容易使我们墨守成规，故步自封。所以，要想培养发散思维，最重要的就是打破惯性思维，让自己的思考不受惯性思维的影响。

第六章

坚定意志力：

只有坚定不移，才能如愿以偿

学习不是一场短跑，而是一场马拉松。学习这件事最需要的是耐力，而不是爆发力。所以，最终能够使我们的学习产生质的飞跃的，不是心血来潮的偶尔冲刺，而是旷日持久的坚持。

自主学习需要毅力支撑

 学习中的小烦恼

已经上六年级的小乔一直都知道自己并不是一个聪明的孩子,他深知:自己之所以成绩能够一直名列前茅,全靠自己的坚持和勤奋努力。

在上三年级之前,小乔那个心大的妈妈对他一直采取放任的教养模式,小乔从没有接受过英语的启蒙教育。三年级时,英语成为必学科目,而班里的同学多多少少都有一定的英语基础,这让小乔有些慌乱。

小乔让妈妈帮他买了一套英语分级绘本,他天天看绘本。刚开始的时候,小乔只是听音频,之后,他慢慢地跟读。

小乔还自己做了一个便携式单词本,每天在单词本上写5个单词,利用碎片时间反复背诵,提高自己的词汇量。

上英语课时,他认真听讲,紧跟老师的思路,积极回答老师的问题。即使回答错误,他也不会气馁,老师问下一个问题

时他依然积极举手。

经过不懈地努力,小乔的英语成绩突飞猛进。

 **为什么说坚定的意志力是取得好成绩的关键?**

为什么有些同学在每学期刚开始的时候干劲儿十足,但是没过多久就变得疲疲沓沓的?原因就在于他们缺乏毅力,没有恒心,一旦在学习中遇到困难和挫折,他们就打退堂鼓,最终半途而废。

其实,困难就像纸老虎,我们弱它就强,我们强它就弱。克服惰性,坦然面对失败,百折不挠地坚持,那么任何困难和逆境都无法将我们打败。

坚定的意志力是取得好成绩的关键，是成功者具备的重要素质之一。智商卓绝的人不少，但是拥有坚定意志力的人却屈指可数，所以，能在学习上取得耀眼成绩的同学，除了拥有较高的智商之外，更拥有坚定不移的意志力。

没有人天生就具有强大的意志力，人与人之间的意志力肯定是有差别的，有的同学意志力强一些，学习的自律性高一些，而有的同学意志力相对来说弱一些，学习的自律性也差一些。但是，意志力是可以后天培养的，只要我们坚定且有决心，保持良好的心态，不因外界的诱惑而分心，养成自主学习的好习惯，就一定能获得回报。

总之，学习并不是一蹴而就的事，对于我们来说，征途才刚刚开始，后面还有很长的一段路要走，我们需要长期坚持才能达成自己的目标，实现自己的梦想。

如何始终保持对学习的热情？

关键点❶ 合理的奖惩措施让我们的学习更有动力

人的本性就是贪图安逸的，所以，在学习的道路上，偶尔犯懒也属于正常现象。就像我们攀登一座山峰，一眼望去看不到山顶，内心就会生出放弃攀登的想法。其实，登山的过程中有很多滋味，时而轻松，时而疲惫，时而快乐，时而痛苦，但是只要登上峰顶，这些滋味都会被深深的满足感取代，个中滋味只有努力攀登过的人才知道。

学习亦如登山，其中的酸甜苦辣只有自己知道。当我们失去前进的动力时，我们可以征求爸爸妈妈的意见，给自己制定一个合理的奖惩措施，让自己重新恢复学习的热情。比如，和爸爸妈妈一起，为自己设定一个学习目标，围绕这个目标制定一个相应的奖惩措施，这样我们就有了一个短期的奋斗目标，从而有了坚持下去的动力。

当然，奖励和惩罚都不是目的，我们应该把它当成一种自我激励的手段。

关键点❷ 爸爸妈妈的鼓励和认可，让我们更上进

哲学家威廉·詹姆士曾说："人类本质中最殷切的要求是渴望被肯定。"爸爸妈妈的鼓励、赞扬和认可是我们成长中不可缺少的养料。当我们在学习上取得进步时，假如能得到爸爸妈妈的肯定和赞扬，我们就会更加自信，自觉性更强，更有毅力去坚持做一件事，从而能更好地挖掘自己的潜能，成为一个更优秀的人。

关键点❸ 坚定不移地相信自己，只要努力就能进步

我们的坚定不移的意志力和信心除了来自于他人的良好评价外，还来自于我们对自己的肯定。别人给予的鼓励再多，我们缺乏自我肯定也不行。

自我肯定的方法有很多，我们可以记录自己的优点或取得的成绩，每天都总结自己当天的进步，即使再微小的进步都可以记在我们成长的"功劳簿"上。其实，所谓进步，并不一定是很大的成功，任何小小的进步，以及为这个进步所做出的任何努力，都有资格被记在"功劳簿"中。

　　我们要和过去的自己比较，在对比中体会通过自己的努力，现在的自己比过去的自己更加优秀。如此一来，我们就能看到自己的进步之处，就会拥有更加坚定的信心和意志力。

目标越明确，意志越坚定

学习中的小烦恼

小哲是一个意志力不太坚定的人，在学习中遇到困难常常选择逃避，干什么事都是三分钟热度，很难持之以恒。他的学习成绩一直普普通通，没有耀眼之处。

就这样，一眨眼就到了五年级。小哲开始有了紧迫感，因为即将面临小升初，同学之间也常常讨论这件事，小哲突然非常渴望进入市里最好的初中。于是小哲下定决心，从现在开始好好学习，实现自己的这个目标。

小哲查了心仪的初中以往的录取情况，发现自己的成绩和心仪的初中之间有很大差距。在分析了自己的优势和弱势后，小哲发现，除了自己在语文方面有微弱的优势之外，其他科目都需要有很大的提升。

难道就这样放弃吗？不。有了令自己兴奋和渴望的目标后，小哲的想法已经和之前完全不一样了。

小哲决定效仿孙敬和苏秦,也学他们"头悬梁锥刺股"的精神,每天废寝忘食地学习。数学是小哲最弱的科目,需要花费最多的时间,每天除了完成老师布置的作业外,小哲还要另外做一套练习题,除此之外,小哲还给自己增加了计算题的练习;英语的劣势也相当明显,词汇量不多,语法也混乱不清,常常读不懂小短文,所以每天早上,小哲要比别人早起一个小时背单词和课文。

有了学习目标之后,小哲把每天的课余时间都安排得满满当当,五年级和六年级的时光小哲过得非常充实,小哲感到自己的知识掌握得越来越牢固,学习成绩也在稳步提升。终于,小哲如愿以偿,进入了自己心仪的、市里最好的初中。

清晰的目标真的能让我们的意志更坚定吗?

"路漫漫其修远兮,吾将上下而求索"。学习是一个漫长的过程。在漫长的求学之路上,有些人中途放弃,有些人一路坚持到底。为什么我们面对的挑战是一样的,有的人能坚持不懈、取得骄人的成绩,而有的人却半途而废呢?除去家庭环境这个外因的影响之外,内因就在于自己是否拥有坚定的意志力。

意志坚定的人,遇到挫折和困难时,不会轻易放弃或逃避,而是面对现实,勇于接受挑战,果断地采取行动,最终战胜挫折。

而意志薄弱的人,遇到挫折和困难时,首先感到的是害怕和恐惧,往往选择逃避现实。比如,当他看到一道自己不会解答的题目时,他首先觉得自己无能为力,然后或是抱怨出题的人,或是寄希望于老师和爸爸妈妈的帮助,而不是自己去想办法解决这道难题。

目标催生行动。目标是行动的方向,是行动的驱动力。我们只有把想法转化成具体的、可执行的目标,我们的行动才变得有方向、具体而确定,这样,才能增强我们学习的意志力和自信心。

让自己养成定下目标就立刻着手去做的习惯。也许一开始我们很不习惯强迫自己做事的感觉,状态可能不佳,但是只要坚持做下去就一定会有改善。一旦我们体会到行动起来的感觉特别棒，我们学习的动力也会越来越足。

目标越清晰，意志越坚定。为自己制定一个明确的奋斗目标，合理分配时间，集中精力去完成。当我们把完成目标当成自然而然的习惯之后，懒惰自然就没有空子可钻了。

怎样才能拥有克服困难、实现目标的勇气和信心？

关键点❶ 制定一个可执行的合理目标

理想和目标谁都有，但是为什么大多数人最终都没能实现呢？最根本的原因就是没有真正把目标落在实处，执行力不到位。目标过于宏大，就容易让人不知道从何做起，最终不了了之，成为空想。

眼光可以长远，但是做事却需要脚踏实地，学习更不是一蹴而就的事儿，必须一步一个脚印踏踏实实地向前走才可以。

通常来说，我们的目标越实际，越合理，目标的达成率就越高。

关键点❷ 目标分解法让大目标不可怕

随着我们学习的不断深入，知识的难度和广度加大，如果我们认为学习是一件苦差事的话，就会越来越害怕学习。为了避免被学习吓倒，我们一定要学会目标分解法，把大目标细分为几个小目标，分别实现每一个小目标，然后由量变引起质变，让自己爱上学习。

什么是目标分解法呢？目标分解法就是把一个大目标分解成一个个小目标，然后将小目标逐一实现，最终就能实现大目标。比如，我们订的大目标是背3000个单词，我们可以把3000个单词的任务分解到每一天。假设把背3000个单词的大目标分解成每天背30个单词的小目标，100天后我们就可以完成任务。

需要注意的是，我们分解目标时一定要遵守两个原则。第一，我们可以把分解的小目标做一个评估，看是否合乎实际。要确保每一个小目标都是可操作的，实际而合理的。第二，要确保每一个小目标都是为终极的大目标服务的，要及时消除使小目标偏离"轨道"的因素。只要遵守这两个原则，最终我们就能实现大目标。

关键点❸ 专注于自己的目标，不为其他任何事分心

纵观古今中外，成功人士做的每件事都是为自己的目标服务的，他们不会把事情不分主次地堆砌在一起，弄得自己手忙脚乱。只要是有助于实现目标的事，他们就会专注去做。而那些对于实现自己的目标没有帮助的事，他们绝不会浪费精力和时间。这也是我们在学习、做事时需要借鉴并要努力做到的。

如何战胜心理上的挫败感

 学习中的小烦恼

运动是旭阳的弱项。小时候,每次进行户外运动时,旭阳都是独自坐在角落里看别的小朋友开心地玩儿。

小学二年级的一次体育课,旭阳在老师的鼓励下,终于迈开脚步,去爬攀爬网。但旭阳只爬了两步,就因为攀爬网晃动而吓得腿软,在攀爬网上哇哇大哭。老师赶紧将旭阳抱下来,有些小朋友说旭阳是"胆小鬼"。从此之后,旭阳心里充满挫败感,不敢再去尝试这样的运动,并打心眼儿里不想上体育课。

转眼到了小学三年级。学校即将举行秋季运动会,同学们都踊跃报名,而旭阳什么项目都没报,因为他短跑跑不快,跳绳跳不了几下,跳远跳不到1米远……旭阳只能当观众。但是,体育老师并没有放弃旭阳,他告诉旭阳:"体育运动没有特别的技巧,最重要的就是多练习。我希望你能在开春季运动会时报跳绳比赛项目,老师相信,只要你从现在起勤加练习,就一定

能取得好名次。"

旭阳听了体育老师的话，决定练习跳绳。从那之后，旭阳每天早上都会提前20分钟起床，跑步10分钟，跳绳10分钟。下午放学后，他也会早早地写完作业，然后开始热身，练习跳绳。跑步从一开始跑一小圈都气喘吁吁，到最后健步如飞，跳绳从一开始连跳10下都不行，到连跳100下，旭阳每天都在进步。

春季运动会，旭阳报名参加跳绳比赛，并一鸣惊人取得第一名的好名次，同学们都为旭阳喝彩。从此，旭阳走出了之前上体育课时留下的心理阴影，不再害怕体育课和各种运动了。

如何正确面对失败？

人生路上总会遇到这样那样的挫折，我们在学习的道路上，也不可能一直高歌猛进，总会有成绩不理想、名次不佳的时候。面对失败最不能有这两种心态：一种是自卑，把失败全部归结到自己头上，自怨自艾或自暴自弃；另一种是把失败全部推给外部环境，比如学习环境太差、爸爸妈妈的监督不到位，以及老师的教育方式有问题，等等。

内心强大的人，遇到挫折和失败时，往往能够放下自己的情绪，冷静地分析失败的原因，并勇于承担应该承担的责任，把挫折和失败当作自己奋进的动力。而一个很容易被挫折打败的人，常常表现为被挫败感淹没，失去努力的信心和勇气，成为一个自暴自弃的人。

曾经看过对一个演员的访谈。这个演员说他从小就热爱表演，上学的时候，当别的同学的梦想都是教师、医生、科学家的时候，他站在讲台上说自己的梦想是做一名演员。他深深地记得，当时同学们听到他的梦想后，在课堂上哄堂大笑。有人说他太丑了，居然想做演员，做梦还差不多；有人说他不务正业，做什么演员……同学们的话让他产生了深深的挫败感，自那之后，他将这个梦想深埋于心，再也不敢公之于众，他害怕来自他人的嘲笑和讽刺。

从那之后，虽然同学们的嘲讽让他羞于向他人启齿自己的梦想，但也让他更加渴望证明自己。最终，他靠着对梦想的热忱，战胜他人给自己造成的挫败感，努力向自己的梦想迈进，最终如愿以偿。

其实，失败和挫折都不可怕，可怕的是我们被它们打倒，从而产生畏难情绪，不敢面对困难。请记住，在通往成功的路上我们会听到很多声音，有质疑、有嘲笑，而不被嘲笑的声音吓退，把"不可能"变成"可能"常常是少数人的思想和行为，这些少数人往往是生活中真正的强者。

如何化解挫败感？

关键点❶ 不惧嘲笑，把质疑和讥讽当作前进的动力

我们其实有无限潜能，但在毫无波澜的生活中很难把潜能挖掘出来。但是，一个人如果能正确面对嘲笑和讥讽，潜能往往会变成一股无法阻挡的力量，使他取得平时无法取得的成绩。

其实，无论是生活还是学习，最重要的是，在解决困难的过程中我们是努力坚持还是轻易放弃。不要太在乎别人说什么，别人的嘲笑无足轻重，只要我们真的相信自己在某方面可以取得好成绩，那么就坚持自己的想法。我们努力之后取得的成果，是对他人最有力的反驳。

关键点❷ 不要拿自己的缺点和别人的优点作比较

我们好像从小就有个宿敌叫"别人家的孩子"，这个孩子从来不玩儿游戏，不贪玩儿，不捣蛋，长得好看，又听话又温顺，爱学习，回回考试都是年级第一……我们的爸爸妈妈在教育我们时有时或经常拿"别人家的孩子"和我们比较。

比如，你看×××，上个月钢琴十级已经考过了，哪像你，屁股上就像有钉子，连十分钟都坐不住；你再看看×××，这次考试又是第一名，哪像你，只要不考倒数第一都要烧高香了……这些话是不是很熟悉？不少爸爸妈妈可能在不经意间都对孩子说过这样的话。

世界上没有完全相同的两片树叶，也没有完全相同的两个人。人与人之间都存在一定的差异：有的人天资聪颖，有的人迟迟不开窍；有的人顽皮好动，有的人文静乖巧……请不要过于在意来自他人的语言打击或负面评价，即使这个人是我们的爸爸妈妈。

每个人个性的形成往往始于与他人的差异，但差异并不等于差距。所以，我们要接纳自己的与众不同，不要拿自己的缺点去和别人优点作比较，我们要根据自身的特点，取长补短，让自己越来越优秀。

培养积极情绪，保持良好的学习心态

 学习中的小烦恼

佳宁自从答应妈妈暑假提前半个月完成全部作业后，他的情绪一直不高，学习的动力也不足，甚至总处于拖延状态。眼看着离当时和妈妈约定的作业截止时间越来越近，作业却仍然很多，佳宁沮丧极了。

每天写作业时，佳宁看着自己因为赶时间而潦草的书写，总是担忧地想："作业写成这样老师会批评我吗？假如老师当着全班同学的面批评我，我该怎么办？"他一边后悔浪费了大把时间，一边自责之前没有认真做学习计划……负面情绪一直围绕着佳宁，他写作业的速度更慢了。

佳宁的妈妈发现佳宁这段时间情绪异常，决定和佳宁谈一谈。她问佳宁："你现在最担心什么？"佳宁答道："不能按时完成作业。"妈妈又问："假如我不要求你提前完成作业，你的

时间够用吗?"佳宁说:"如果不用提前完成,时间肯定够,但是,你答应我在开学前带我去旅游的。"妈妈说道:"这样吧,我们取消之前的去外地远途旅游的计划,再给你10天做作业的时间,如果你能够按时完成作业,我们可以去周边短期旅游一趟。"听了妈妈的话,佳宁如释重负,再三保证自己能够按时完成作业。

与妈妈订好新的计划后,佳宁的情绪立刻高涨起来,赶紧做了一个学习计划,并严格按照计划执行,顺利提前完成了暑假作业。妈妈也履行承诺,带佳宁在周边进行了一趟开心的短期旅游。

情绪对我们的学习有何影响?

什么是情绪呢？情绪是人从事某种活动时产生的心理状态，比如快乐、悲伤、厌恶、愤怒、恐惧、轻蔑、羞愧、内疚等。比如，我们听了一首好听的歌，心情特别愉悦；和好朋友一起玩儿，特别开心；弄丢了心爱的发卡，非常难过；被班上的捣蛋鬼欺负，非常愤怒；老师说明天要考试，内心有些紧张……这些都是情绪。

情绪是一种主观体验，也是对客观现实的反应。情绪就像住在我们内心的小精灵，支配着我们的喜怒哀乐。心理学家认为：任何行为都是情绪的结果，任何态度都是情绪的衍生品。无论是温和的好性情还是恶劣的暴脾气，都离不开情绪的支配。

情绪是人的内心世界的外在表达方式。比如，我们遇到一位不合心意的老师，不管怎么努力都学不好的科目……这些都可能成为我们情绪低落的原因。

一个人情绪低落的话，是很难静下心来做事的。人只有在精神愉悦的时候，才会对周围的事物充满好奇，才有想要去尝试的欲望，才愿意积极主动地学习。

积极的情绪可以化解消极情绪对我们的影响，更可以让我们学习时心情愉悦，达到不错的学习效果。

如何培养积极的情绪？

关键点 ❶ 用欣赏的眼光看待周围的人和事

学习和生活总会有一些烦恼，我们常将困扰自己的事归咎于他人，归咎于外部环境，却很少从自身找原因。也许不是事情本身困扰我们，而是我们内心消极的情绪影响了我们对事情的看法及做事的态度。

其实，周围的世界是什么样子，取决于我们是什么样子；我们是什么样子，取决于我们内心的情绪是什么样子。如果放任自己一味地沉浸在消极情绪中，只会让自己的处境变得更艰难。面对许多事情时，多往好处想想，用欣赏的眼光看待周围的人和事，你会发现更多温暖与感动，并从中获得正向能量。

关键点 ❷ 接纳自己的不完美，不苛求自己

更关注自身的缺点而非优点，这似乎是很多人的通病。这种总是关注自身缺点的做法会使我们对自己产生否定心理。另外，如果我们对自己经历的事情的消极一面过于关注，那么我们往往会错过强化自己积极思维与情绪的机会，从而陷入自我怀疑或自责情绪当中，并可能产生深深的挫败感。

所以，创造积极情绪的最好方式就是学会强化优点，改

正缺点。比如，在每一次考试后，认真研究试卷，在纠错的同时，一定要肯定自己做得好的地方。坚持这样做，对我们的学习将会大有裨益，并且影响深远。

磨炼意志，提升我们的抗挫力
——坚定意志力训练

学习没有捷径可走。一般来说，决定我们取得什么样的成绩的，并不是我们的智商，而是我们的抗挫力。

抗挫力强的人，无论面对学习上的难题还是生活中的压力，都能积极寻求解决问题的方法，使自己免受困难与挫折的打击。所以，抗挫力不仅是学习过程中非常重要的能力，也是我们在人生旅途中面对逆境时获得勇气和信心的来源。那么，我们该如何提升自己的抗挫力呢？

● 正确看待失败和错误，学会接纳挫败感

在学习和生活中出现错误是再正常不过的事情了，不管多么优秀的人，都不可能不犯错，更何况平凡的你我呢？当犯错后产生的挫败感向我们袭来时，不要试图对抗这种消极悲观的情绪，而应该试着接纳这种挫败感。因为化解挫败感就像治理洪水，最好的方法不是堵，而是疏通。

另外，承认失败并不丢脸，相反，坦然面对失败才是真正有勇气的人。遭遇失败或犯错时，我们首先应该放下自尊心，承认自己确实遇到了困难。这样，我们才能让自己冷静下来，在困境中找到出路和解决方法，获得成长。

● 认真分析结果，不过度自责或推卸责任

当你遭遇失败之后，你的第一反应是什么？是找各种借口百般推诿，还是决定对结果负责？

从我们决定对结果负责的那一刻起，我们对事情的掌控感就会马上增强，打破我们潜在的无助感，促使我们去做点儿什么，以突破当下的处境。

对事情拥有责任感和担当力会唤起我们战胜挫折的决心，让我们积极采取行动。

● 限定失败影响的范围，不要自怨自艾

很多人在遭遇挫折时，常常认为是自己能力不够，任由自己陷入自怨自艾的情绪中。这样的人往往输不起，一旦遭遇失败就会一蹶不振。要想提升自己的抗挫力，就要摒弃这种消极思维，尽快把挫折带来的忧虑、悲伤、痛苦等不良情绪排遣掉，限定失败影响的范围。

要知道，遭遇失败、发生错误后产生后悔、内疚的情绪毫无意义。应尽快调整自己的情绪，不要让负面情绪无休止地扩散。比如，当考试考砸了时，我们的脑子里可能会出现"我真差劲儿"的想法。而现在，我们就来调整一下自己的思维，试着对自己说："我只是这一次没有考好。"然后把精力放在思考自己需要在哪些方面进行提升，自己因此需要采取哪些行动，等等。

记住，遇到问题时要多进行有助于解决问题的建设性思考，这远比自怨自艾有意义。